歐美漢語教材

# 新概念漢語

## 初級課本

編著　鄭國雄

北京语言文化大学出版社

（京）新登字 157 号

图书在版编目（CIP）数据

新概念汉语·初级课本/郑国雄编著.
-北京：北京语言文化大学出版社，2002
ISBN 7-5619-1076-2
Ⅰ.新…
Ⅱ.郑…
Ⅲ.汉语-语法-对外汉语教学-教材
Ⅳ.H195.4
中国版本图书馆 CIP 数据核字（2002）第 045579 号

责任印制：乔学军
出版发行：北京语言文化大学出版社
社　　址：北京海淀区学院路 15 号　邮政编码 100083
网　　址：http：//www.blcup.com
　　　　　http：//www.blcu.edu.cn/cbs/index.htm
印　　刷：北京北林印刷厂
经　　销：全国新华书店
版　　次：2002 年 7 月第 1 版　2002 年 7 月第 1 次印刷
开　　本：787 毫米×1092 毫米　1/16　印张：9.5
字　　数：180 千字　印数：1-2000 册
书　　号：ISBN 7-5619-1076-2/H·02061
定　　价：44.00 元（含初级语法和练习）
发行部电话：010-82303651　82303591
　　　传真：010-82303081
E-mail：fxb@blcu.edu.cn

# 序　言

《新概念漢語課本》是供歐美學生學習漢語的教科書，分初級、中級、高級三套。每套又分兩册：一册是課本；另一册是語法和練習，初級另加漢字書寫。每一册有課文二十二篇，可供一般大學每周 5～6 課時的中文課使用一年，即一年級用初級本，二年級用中級本，三年級用高級本。初級本的漢字練習是每天 5 個字，每周 25 個字（從星期一到星期五）。語法删繁就簡，但仍保持它的系統性。課文採用簡繁體字對照，供學生自由選擇。這一切都是從國外目前的實際出發編排的。

本人從事對外漢語教學工作二十幾年，其中在國外的教學（法國）也有六年的經歷。我深深地感到東西方的文化是有很大差异的。

歐美漢語教材的顯著特點就是“有趣”。教材為何要有趣？有趣的課文能引起學生的注意，被注意的東西又往往能達到記憶的效果。興趣→注意→記憶，這過程是完全符合心理學原理的。教材的趣味性之所以十分重要，就是因為它包含着這一科學原理。而過去國內教材，一提到“趣味性”，就立刻把它跟“低級”、“稚化”聯系在一起，這實際上是極端錯誤的。我認為大人學習語言的心態在開始階段跟小孩學説話没有多大區别，内容越有趣就越容易記住，因此本人在編寫《新概念漢語課本》時，也不忘向前輩學習，無論是課文還是對話，力求充滿情趣。但本人在國外畢竟只生活了六年，比起長期在國外工作的華人教師來，在掌握西方幽默方面，不免顯得遜色。本教材在這方面僅作某些嘗試，務請多加指教。

本教材力求“有趣”之外，還力求“有用”。

我認為“有趣”和“有用”是提高學生學習積極性的兩貼興奮劑。如果學習常處在睡眠狀態是永遠也學不好的；只有處在興奮狀態，注意力高度集中，變被動為主動，才能把一種語言學好。學不是目的，用才是目的。學了能用，就有了學習的積極性。積極性即學習的推動力；有了推動力，就能不斷前進，離成功也就不遠了。

“有用”指的是學的詞有用，句子有用，内容有用。

詞分甲級詞、乙級詞、丙級詞、丁級詞。它是根據無數資料按頻率高低統計出來的。為何要研究頻率？因為根據人的經歷考慮哪些先學哪些后學的問題，這是一個分清主次的問題，編寫教材時不可掉以輕心。不少歐美學生學了三四年中文，到中國一測試，還是一年級的水平。因為他學的課本、生詞帶有很大的隨意性，甚至許多常用的甲級詞也没學過。所以編寫教材時，要惜詞如金，詞詞推敲，萬萬不能主次不分。本教材初級本選詞 660 個，其中 90％是甲級詞，其他 10％是歐美國家常用的詞，如“地鐵”“電腦”“菜單”“刀叉”“猫”“狗”等。漢語甲級詞共有 1033 個，初級本用掉 600 多，還剩 400 多個，于是在編寫中級本時，就基本上把它用上，其余的則選用乙級詞、丙級詞。

詞是如此，句子也是如此。句子雖然千變萬化，但基本句型是有限的。學了基本句型就可舉一反三，依次類推。詞有大綱，句型也有大綱，大綱是科研的成果，雖然有待進一步完善，但畢竟是科學的結晶。語法講解切忌繁瑣，但并非可有可無。因為“語法所反映的是語言單位（詞素、詞、詞組、句子）之間的各種關係”（胡裕樹）。不同的語種，語言結構是不一樣的，講語法就為了避免母語的干擾。因此不把語言結構講清楚，就學不好第二種語言。當然，語言課不是知識課，而是技能課，“練”跟“講”相比較，“練”重于“講”。講要做到提綱挈領，綱舉目張，畫龍點睛。國内的教材語法講解一般都太繁瑣，而國外的不少教材語法的安排又往往顯得七零八落。如果語法講解真正做到“精煉”兩個字，那就完美了。本教材正在朝這方面努力，力求學的句子是最“有用”的。

對外漢語教材的編寫從傳統法、結構法到功能法，經歷了半個世紀。這説明大家對語言的交際功能越來越重視了。“有用”不但指字，指詞，指句，而且還包括内容在内。字、詞、句要做到急用先學。“内容”也是如此。例如，一般的日常會話當然不可缺，另外，有關中國的傳統文化、社會熱點、道德觀念等方面的内容也不可無。教材反映的應是學生最感興趣、最想了解、最想交流的東西。教材不能厚古薄今，不能呆板説教，不能搞政治宣傳，也不能嘩衆取寵，要力求做到客觀真實。只有這樣，學習的内容才真正有用。

總之，字、詞、句、篇，都應做到學以致用。

“有趣”和“有用”正是本書編寫的兩大原則。從主觀願望來説，是想通過這兩貼興奮劑來激發學生的學習積極性，努力把漢語學好，至于效果如何，那只有讓實踐加以證明了，因為檢驗真理的惟一標準是實踐，而不是你的宣言。

鄭國雄

# 編寫説明

語法點删繁就簡，全書只有四十七個。它的編排是先易后難，循序漸進。先是四種謂語句和四種疑問句；再是從狀語、定語到補語；而復句、比較句、被字句、把字句較難，就放在后邊。

常用詞先出，例如第一課出現數詞和人稱代詞。

以字帶詞，例如由“大、中、小”帶出“大學、中學、小學”“大學生、中學生、小學生”。

同類的詞在一課或前后兩課一起出，例如“早上、上午、中午、下午、晚上”“前邊、后邊、旁邊、中間”“東邊、西邊、南邊、北邊”。

反義詞也一起出，例如“大小、多少、遠近、早晚、長短、好壞、冷熱、進出、買賣”。

本教材的語音是先教總表，再分聲調練，然后由拼音短語過渡到漢字。聲調練習是語音教學的重點。

本册詞匯英文翻譯是彭增安先生。

編　者

# 目　　録

# 語 音 篇 Phonetics

## 漢 語 拼 音

## Chinese phonetic alphabet

### 聲 母 表

### Table of consonants

| | | | |
|---|---|---|---|
| b [p] | p [pʻ] | m [m] | f [f] |
| d [t] | t [tʻ] | n [n] | l [l] |
| g [k] | k [kʻ] | h [x] | |
| j [tɕ] | q [tɕʻ] | x [ɕ] | |
| zh [tʂ] | ch [tʂʻ] | sh [ʂ] | r [ʐ] |
| z [ts] | c [tsʻ] | s [s] | |

### 韵 母 表

### Table of vowels

| | | | |
|---|---|---|---|
| | i [i] | u [u] | ü [y] |
| ɑ [a] | iɑ [ia] | uɑ [ua] | |
| o [o] | | uo [uo] | |
| e [ɤ] | ie [iɛ] | | üe [yɛ] |
| ɑi [ai] | | uɑi [uai] | |
| ei [ei] | | uei [uei] | |
| ɑo [au] | iɑo [iau] | | |
| ou [ou] | iou [iou] | | |
| ɑn [an] | iɑn [ian] | uɑn [uan] | üɑn [yan] |
| en [ən] | in [in] | uen [uən] | ün [yn] |

| | | |
|---|---|---|
| ang [aŋ] | iang [iaŋ] | uang [uaŋ] |
| eng [əŋ] | ing [iŋ] | ueng [uəŋ] |
| ong [uŋ] | iong [yŋ] | |

## 拼 音 規 則

## Rules for phonetic spelling

1. **知、蚩、詩、日、資、雌、思等字的韵母用 i。**

   While spelling the words "知、蚩、诗、日、资、雌、思", the vowel "i" is used.

2. **韵母"兒"寫成 er，用作韵尾的時候寫成 r。**

   The vowel "兒" is written as "er". While it is used as vocal ending, it is written as "r".

3. **i 行的韵母，前面没有聲母的時候，寫成：**

   While vowels in the "i" column are not preceded by consonants, they are written as;

   | | | | | |
   |---|---|---|---|---|
   | yi | ya | ye | yao | you |
   | yan | yin | yang | ying | yong |

   **u 行的韵母，前面没有聲母的時候，寫成：**

   While vowel in the "u" column are not preceded by consonants, they are written as:

   | | | | | |
   |---|---|---|---|---|
   | wu | wa | wo | wai | wei |
   | wan | wen | wang | weng | |

   **ü 行的韵母跟聲母 j、q、x 拼的時候，寫成 ju、qu、xu、ü 上兩點省略。但是跟聲母 l、n 拼寫的時候，仍然寫成 lü，nü。**

   While vowels in the "ü" column are preceded by consonants, j, q, x, they are written as ju, qu and xu with the two dots on ü omitted. But while they are preceded by consonants l and n, they are still written as lü and nü.

   **ü 行的韵母，前面没有聲母的時候，寫成 yu、yue、yuan、yun，ü 上兩點省略。**

   While vowels in the "ü" column are not preceded by consonants, they are written as yu, yue, yuan and yun with the two dots on ü omitted.

4. iou、uei、uen 前面加聲母的時候，寫成iu、ui、un。例如niu，gui，lun。

While iou、uei、uen are preceded by consonants, they are written as iu, ui, un,, such as: niu, gui, lun.

## 聲　　調

## Tones

**北京語音的四個基本聲調，分別用下列四種符號表示：**

The four basic tones in Beijing dialect are marked by the following four different symbols:

ˉ　　ˊ　　ˇ　　ˋ

mā　　má　　mǎ　　mà

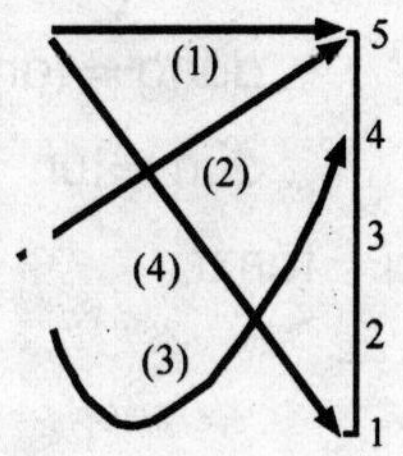


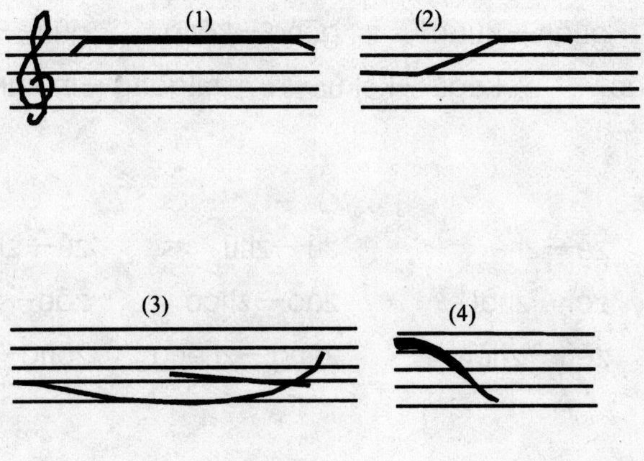

# 語音練習（一）

## phonetic exercises（1）

一、b—p

bā—pā　　bái—pái　　bān—pān　　bō—pō

bǎo—pǎo　　bī—pī　　bèi—pèi　　bēn—pēn

bīng—pīng　　bèng—pèng　　bū—pū　　biàn—piàn

bízi—pízi　　bùzi—pùzi　　fābào—fāpào

二、d—t

dà—tà　　dǐ—tǐ　　dù—tù　　dào—tào

diē—tiē　　duō—tuō　　dāng—tāng　　dǐng—tǐng

dōng—tōng　　duì—tuì　　dūn—tūn　　diǎo—tiǎo

duìhuàn—tuìhuàn　　dǎnzi—tǎnzi　　dúshū—túshū

三、g—k

gē—kē　　gě—kě　　gǎ—kǎ　　gāi—kāi

gū—kū　　guā—kuā　　guò—kuò　　gào—kào

gēng—kēng　　guǎn—kuǎn　　gōng—kōng　　gùn—kùn

tóugǎo—tóukǎo　　kègǔ—kèkǔ　　mǐgāng—mǐkāng

四、z—zh

zé—zhé　　zè—zhè　　zū—zhū　　zú—zhú

zāi—zhāi　　zài—zhài　　zào—zhào　　zǎo—zhǎo

zàn—zhàn　　zěn—zhěn　　zēng—zhēng　　zōng—zhōng

五、c—ch

cā—chā　　cè—chè　　cū—chū　　cù—chù

cuī—chuī　　cāo—chāo　　cāi—chāi　　cǎn—chǎn

céng—chéng　　cì—chì　　cuàn—chuàn　　cuō—chuō

六、s—sh

sā—shā　　sǎ—shǎ　　sè—shè　　sān—shān

sǎo—shǎo　　sài—shài　　sēn—shēn　　sēng—shēng

sù—shù　　sū—shū　　suǐ—shuǐ　　shuō—shuō

七、s—x—sh

sīxīn　　sīxiǎng　　sōngxiè　　sòngxíng

sùxiàng　　suōxiǎo　　sūxǐng　　shèxiàng

xīsōng　　xísú　　xiāosǎ　　xuěsōng

shǎxiào　　shānxiá　　shàoxiào　　shēngxiào

shìxiān　　shǒuxià　　shuǐxiāng　　shāngxīn

xīshì　　xiāshuō　　xiānsheng　　xiāngshuǐ

# 語音練習（二）
## phonetic exercises（2）

一、

1. mā　　má　　mǎ　　mà
2. pō　　pó　　pǒ　　pò
3. gē　　gé　　gě　　gè
4. zhē　　zhé　　zhě　　zhè

二、

1. bāi　　bái　　bǎi　　bài
2. lēi　　léi　　lěi　　lèi
3. dāo　　dáo　　dǎo　　dào
4. lōu　　lóu　　lǒu　　lòu

三、

1. zān　　zán　　zǎn　　zàn
2. fēn　　fén　　fěn　　fèn
3. rān　　rán　　rǎn　　ràn
4. lēng　　léng　　lěng　　lèng
5. hōng　　hóng　　hǒng　　hòng

四、

1. bī　　bí　　bǐ　　bì
2. pī　　pí　　pǐ　　pì
3. dī　　dí　　dǐ　　dì
4. tī　　tí　　tǐ　　tì

# 語音練習（三）

## phonetic exercises（3）

一、

| | | | |
|---|---|---|---|
| 1. jiā | jiá | jiǎ | jià |
| 2. jiāo | jiáo | jiǎo | jiào |
| 3. xiē | xié | xiě | xiè |
| 4. niū | niú | niǔ | niù |

二、

| | | | |
|---|---|---|---|
| 1. piān | pián | piǎn | piàn |
| 2. qīn | qín | qǐn | qìn |
| 3. qiāng | qiáng | qiǎng | qiàng |
| 4. xīng | xíng | xǐng | xìng |

三、

| | | | |
|---|---|---|---|
| 1. hū | hú | hǔ | hù |
| 2. kuā | kuá | kuǎ | kuà |
| 3. duō | duó | duǒ | duò |
| 4. chuāi | chuái | chuǎi | chuài |

四、

| | | | |
|---|---|---|---|
| 1. suī | suí | suǐ | suì |
| 2. tuān | tuán | tuǎn | tuàn |
| 3. tūn | tún | tǔn | tùn |
| 4. kuāng | kuáng | kuǎng | kuàng |

# 語音練習（四）

## phonetic exercises（4）

一、

| | | | |
|---|---|---|---|
| 1. zhī | zhí | zhǐ | zhì |
| 2. chī | chí | chǐ | chì |
| 3. shī | shí | shǐ | shì |
| 4. cī | cí | cǐ | cì |

二、

| | | | |
|---|---|---|---|
| 1. jū | jú | jǔ | jù |
| 2. qū | qú | qǔ | qù |
| 3. xū | xú | xǔ | xù |

三、

| | | | |
|---|---|---|---|
| 1. juē | jué | juě | juè |
| 2. xuē | xué | xuě | xuè |
| 3. quān | quán | quǎn | quàn |
| 3. xuān | xuán | xuǎn | xuàn |

四、

| | | | |
|---|---|---|---|
| 1. yā | yá | yǎ | yà |
| 2. yān | yán | yǎn | yàn |
| 3. yāng | yáng | yǎng | yàng |
| 4. yāo | yáo | yǎo | yào |
| 5. yē | yé | yě | yè |
| 6. yīn | yín | yǐn | yìn |
| 7. yīng | yíng | yǐng | yìng |
| 8. yōng | yóng | yǒng | yòng |
| 9. yōu | yóu | yǒu | yòu |

五、

| | | | |
|---|---|---|---|
| 1. yū | yú | yǔ | yù |
| 2. yuān | yuán | yuǎn | yuàn |
| 3. yūn | yún | yǔn | yùn |

六、

| | | | |
|---|---|---|---|
| 1. wā | wá | wǎ | wà |
| 2. wān | wán | wǎn | wàn |
| 3. wāng | wáng | wǎng | wàng |
| 4. wēi | wéi | wěi | wèi |
| 5. wēn | wén | wěn | wèn |
| 6. wū | wú | wǔ | wù |

# 語音練習（五）

## phonetic exercises（5）

一、

1. shān míng shuǐ xiù　　2. yīng xióng hǎo hàn

3. shān qióng shuǐ jìn　　4. shēn qiáng tǐ jiàn

5. huā hóng liǔ lǜ　　6. xīn míng yǎn liàng

7. sī qián xiǎng hòu　　8. suān tián kǔ là

9. fēng yún yǔ lù　　10. bēi pán wǎn kuài

11. shān chá guǒ shù　　12. chē chuán sǎn gài

13. bīng qiú bǐ sài　　14. fēi cháng gǎn xiè

15. huān yíng xuǎn gòu　　16. xīn wén jiǎn bào

二、

1. dà hǎo hé shān　　2. shòu bǐ nán shān

3. rè huǒ cháo tiān　　4. zì lǐ háng jiān

5. wàn lǐ cháng zhēng　　6. ài wǒ guó jiā

7. lì shǐ xué kē　　8. kè kǔ dú shū

9. jù shǎo chéng duō　　10. yòu yǒu tí gāo

# 語音練習（六）
## phonetic exercises（6）

1. Nín hǎo!
   How are you?

2. Nǐmen hǎo!
   How are you, everybody?

3. Lǎoshī hǎo!
   How are you, teacher?

4. Shàng kè le。
   Let's begin our class。

5. Qǐng dǎkāi shū。
   Please open your books.

6. Qǐng kàn hēibǎn。
   Please look at the blackboard.

7. Wǒ niàn。
   I'll read it aloud.

8. Nǐmen tīng。
   Listen to me.

9. Wǒ wèn。
   I'll ask you questions.

10. Nǐmen huídá。
    Answer my questions.

11. Gēn wǒ niàn。

Read after me.

12. Qǐng nǐ niàn。

Would you read it aloud?

13. Zhùyì fāyīn。

Pay attention to your pronunciation.

14. Zhùyì shēngdiào。

Pay attention to your tone.

15. Zàijiàn!

Good-bye.

# 語音練習（七）

## phonetic exercises（7）

1. Nín hǎo!
   How are you?

2. Nǐmen hǎo!
   How are you，everybody?

3. Lǎoshī hǎo!
   How are you，teacher?

4. Shàng kè le。
   Let's begin our class.

5. Wǒ niàn。
   I'll read it aloud.

6. Nǐmen tīng
   Listen to me.

7. Wǒ wèn。
   I'll ask you questions.

8. Nǐmen huídá。
   Answer my questions.

9. Dǒng bu dǒng?
   Can you follow me?

10. Wǒ dǒng。
    Yes，I can.

11. Wǒ bù dǒng。
No, I can't.

12. Duì bu duì?
Is it right?

13. Duì!
Yes, it is.

14. Bú duì!
No, it isn't.

15. Bú yàojǐn。
Don't worry.

16. Mànman lái。
No hurry.

17. Qǐng zài shuō yí biàn。
Please say it again.

18. Qǐng zài tīng yí biàn。
Please listen it again.

19. Qǐng zài niàn yí biàn。
Please read it again.

20. Qǐng zài xiě yí biàn。
Please write it again.

21. Duì bu qǐ!
I'm sorry.

22. Méi guānxi。

It doesn't matter.

23. Xièxie!

Thanks.

群智曲

## 第一课 Lesson 1　　我叫丁五

### My Name Is Ding Wu

### 生詞 New words

| | | | |
|---|---|---|---|
| 1. 第 | dì | （頭） | used to form ordinal numbers |
| 2. 一 | yī | （數） | one |
| 3. 課（课） | kè | （名） | class |
| 4. 我 | wǒ | （代） | I，me |
| 5. 叫 | jiào | （動） | to name to call |
| 6. 課文（课文） | kèwén | （名） | text |
| 7. 妹妹 | mèimei | （名） | younger sister |
| 8. 二 | èr | （數） | two |
| 9. 三 | sān | （數） | three |
| 10. 四 | sì | （數） | four |
| 11. 五 | wǔ | （數） | five |
| 12. 哥哥 | gēge | （名） | elder brother |
| 13. 六 | liù | （數） | six |
| 14. 七 | qī | （數） | seven |
| 15. 八 | bā | （數） | eight |
| 16. 九 | jiǔ | （數） | nine |
| 17. 十 | shí | （數） | ten |
| 18. 是 | shì | （動） | to be |
| 19. 你 | nǐ | （代） | you |
| 20. 學（学） | xué | （動） | to learn |
| 21. 中文 | zhōngwén | （名） | Chinese |
| 22. 也 | yě | （副） | too；also |
| 23. 我們（我们） | wǒmen | （代） | we；us |
| 們（们） | men | （尾） | （plural form） |
| 24. 都 | dōu | （副） | all |

| | | | |
|---|---|---|---|
| 25. 他 | tā | (代) | He; him |
| 26. 弟弟 | dìdi | (名) | younger brother |
| 27. 她 | tā | (代) | she; her |
| 28. 姐姐 | jiějie | (名) | elder sister |
| 29. 他們(他们) | tāmen | (代) | they; them |
| 30. 你們(你们) | nǐmen | (代) | you (plural) |

## 專名 Proper Names

| | | |
|---|---|---|
| 1. 丁五 | Dīng Wǔ | personal name |
| 2. 丁十 | Dīng Shí | personal name |

# 第一課　　我叫丁五

## 課　文

妹妹：一、二、三、四、五，我叫丁五。

哥哥：六、七、八、九、十，我叫丁十。

妹妹：我是妹妹，你是哥哥。

哥哥：妹妹叫丁五，哥哥叫丁十。

妹妹：我學中文，你也學中文，我們都學中文。

哥哥：他是弟弟，她是姐姐。

妹妹：弟弟學中文，姐姐也學中文，他們也都學中文。

弟弟<br>姐姐：是，你們都學中文，我們也都學中文。

# 我叫丁五　　　第一课

## 课　文

妹妹：一、二、三、四、五，我叫丁五。

哥哥：六、七、八、九、十，我叫丁十。

妹妹：我是妹妹，你是哥哥。

哥哥：妹妹叫丁五，哥哥叫丁十。

妹妹：我学中文，你也学中文，我们都学中文。

哥哥：他是弟弟，她是姐姐。

妹妹：弟弟学中文，姐姐也学中文，他们也都学中文。

弟弟<br>姐姐：是，你们都学中文，我们也都学中文。

# 第二課 Lesson 2　吃　飯

## Having A Meal

### 生詞 New words

| | | | |
|---|---|---|---|
| 1. 吃 | chī | （動） | to eat |
| 2. 飯（饭） | fàn | （名） | meal |
| 3. 男 | nán | （形） | male |
| 4. 學生（学生） | xuésheng | （名） | student |
| 5. 兩（两） | liǎng | （數） | two |
| 6. 點（点） | diǎn | （量） | o'clock；hour |
| 7. 了 | le | （助） | modal particle |
| 8. 要 | yào | （助動、動） | would like；to want |
| 9. 女 | nǚ | （形） | female |
| 10. 麵條（面条） | miàntiáo | （名） | noodle |
| 11. 嗎（吗） | ma | （助） | modal particle |
| 12. 不 | bù | （副） | no；not |
| 13. 米飯（米饭） | mǐfàn | （名） | cooked rice |
| 米 | mǐ | （名） | rice |
| 14. 您 | nín | （代） | you respectful form for “你” |
| 15. 喜歡（喜欢） | xǐhuan | （動） | to like；to enjoy |
| 16. 什麼（什么） | shénme | （代） | what |
| 17. 菜 | cài | （名） | dish |
| 18. 肉 | ròu | （名） | meat |
| 19. 魚（鱼） | yú | （名） | fish |
| 20. 呢 | ne | （助） | modal particle |
| 21. 蛋 | dàn | （名） | egg |
| 22. 很 | hěn | （副） | very |
| 23. 貴（贵） | guì | （形） | expensive |

| | | | |
|---|---|---|---|
| 24. 便宜 | piányi | （形） | cheap |
| 25. 好吃 | hǎochī | （形） | testy， delicious |
| 26. 好 | hǎo | （形） | OK，All right |
| 27. 和 | hé | （介、連） | with； and |

# 第二課　吃　飯

## 課　文

男學生：一、二、三、四、五、六、七、八、九、十、十一、十二。十二點了，要吃飯了。

女學生：吃面條嗎?

男學生：不，吃米飯。

女學生：你喜歡吃什麼菜?

男學生：我喜歡吃肉，也喜歡吃魚，您呢?

女學生：我不喜歡吃肉，也不喜歡吃魚，我喜歡吃蛋。

男學生：肉很貴，魚也很貴，蛋不貴，很便宜。

女學生：肉很好吃，魚很好吃，蛋也很好吃。

男學生：是，蛋也很好吃。

女學生：我吃蛋。

男學生：我也吃蛋。

女學生：我和你都吃蛋。

男學生：很好，我們都吃蛋。

# 吃　饭　　　　第二课

## 课　文

男学生：一、二、三、四、五、六、七、八、九、十、十一、十二。十二点了，要吃饭了。

女学生：吃面条吗？

男学生：不，吃米饭。

女学生：你喜欢吃什么菜？

男学生：我喜欢吃肉，也喜欢吃鱼，您呢？

女学生：我不喜欢吃肉，也不喜欢吃鱼，我喜欢吃蛋。

男学生：肉很贵，鱼也很贵，蛋不贵，很便宜。

女学生：肉很好吃，鱼很好吃，蛋也很好吃。

男学生：是，蛋也很好吃。

女学生：我吃蛋。

男学生：我也吃蛋。

女学生：我和你都吃蛋。

男学生：很好，我们都吃蛋。

# 第三課 Lesson 3 學 校

## School

### 生詞 New words

| | | | |
|---|---|---|---|
| 1. 學校（学校） | xuéxiào | （名） | school |
| 2. 中學生（中学生） | zhōngxuéshēng | （名） | middle-school student |
| 3. 大學（大学） | dàxué | （名） | university |
| 4. 大 | dà | （形） | big; large |
| 5. 小學（小学） | xiǎoxué | （名） | primary school |
| 6. 小 | xiǎo | （形） | small; little |
| 7. 小學生（小学生） | xiǎoxuéshēng | （名） | pupil; schoolchild |
| 8. 中學（中学） | zhōngxué | （名） | middle school |
| 9. 有的 | yǒude | （代） | some |
| 10. 多 | duō | （形） | many; much |
| 11. 少 | shǎo | （形） | few; little |
| 12. 請問（请问） | qǐng wèn | | excuse me; could you please tell me |
| 問（问） | wèn | （動） | to ask |
| 13. 還是（还是） | háishi | （連） | or |
| 14. 大學生（大学生） | dàxuéshēng | （名） | university student |
| 15. 同學（同学） | tóngxué | （名） | comrade (address used in speaking to a student) |
| 同 | tóng | （形） | same |
| 16. 幾（几） | jǐ | （代） | What; how many |
| 17. 年級（年级） | niánjí | （名） | grade |
| 18. 的 | de | （助） | structural particle |
| 19. 班 | bān | （名、量） | class |
| 20. 教室 | jiàoshì | （名） | class room |
| 21. 有 | yǒu | （動） | to have; there be |

| | | | |
|---|---|---|---|
| 22. 多少 | duōshao | （代） | how many；how much |
| 23. 個（个） | gè | （量） | measure word |
| 24. 老師（老师） | lǎoshī | （名） | teacher |
| 25. 没 | méi | （副、動） | no；not |
| 26. 貴姓（贵姓） | guì xìng | | May I know your name |
| 27. 姓 | xìng | （動、名） | to be called；surname |

# 第三課　學　校

## 課　文

中學生：大學大，小學小。

小學生：中學大不大？

中學生：有的中學大，有的中學小。

小學生：學生多不多？

中學生：大學的學生多，小學的學生少。

小學生：中學的學生多不多？

中學生：有的中學的學生多，有的中學的學生少。

小學生：請問，你是中學生還是大學生？

中學生：我不是大學生，我是中學生。

小學生：同學，你是幾年級的學生？

中學生：我是三年級的學生。

小學生：三年級幾班？

中學生：三年級二班。

小學生：你們的教室大不大？

中學生：我們的教室很大。

小學生：你們班有多少學生？

中學生：我們班有四十三個學生。

小學生：女學生多還是男學生多？

中學生：男學生多。

小學生：你們班有多少男學生？

中學生：我們班有二十七個男學生。

小學生：你們班有多少女學生？

中學生：我們班有十六個女學生。

小學生：你們班有幾個老師？

# 第三课　学　　校

## 课　　文

中学生：大学大，小学小。
小学生：中学大不大？
中学生：有的中学大，有的中学小。
小学生：学生多不多？
中学生：大学的学生多，小学的学生少。
小学生：中学的学生多不多？
中学生：有的中学的学生多，有的中学的学生少。
小学生：请问，你是中学生还是大学生？
中学生：我不是大学生，我是中学生。
小学生：同学，你是几年级的学生？
中学生：我是三年级的学生。
小学生：三年级几班？
中学生：三年级二班。
小学生：你们的教室大不大？
中学生：我们的教室很大。
小学生：你们班有多少学生？
中学生：我们班有四十三个学生。
小学生：女学生多还是男学生多？
中学生：男学生多。
小学生：你们班有多少男学生？
中学生：我们班有二十七个男学生。
小学生：你们班有多少女学生？
中学生：我们班有十六个女学生。
小学生：你们班有几个老师？

中學生：我們班有五個老師。

小學生：他們是不是男老師？

中學生：我們班沒有男老師。

小學生：她們都是女老師嗎？

中學生：是，她們都是女老師。

小學生：老師姓甚麽？

中學生：五個老師都姓丁。

小學生：您貴姓？

中學生：我姓丁，您呢？

小學生：我也姓丁。

中學生：丁，丁、丁、丁，我們都姓丁。

中学生：我们班有五个老师。
小学生：他们是不是男老师？
中学生：我们班没有男老师。
小学生：她们都是女老师吗？
中学生：是，她们都是女老师。
小学生：老师姓什么？
中学生：五个老师都姓丁。
小学生：您贵姓？
中学生：我姓丁，您呢？
小学生：我也姓丁。
中学生：丁，丁、丁、丁，我们都姓丁。

## 第四課 Lesson 4 早上好

## Good Morning

### 生詞 New words

| | | | |
|---|---|---|---|
| 1. 早上 | zǎoshang | （名） | morning |
| 2. 名字 | míngzi | （名） | name |
| 3. 爸爸 | bàba | （名） | father; dad |
| 4. 媽媽（妈妈） | māma | （名） | mother; mum |
| 5. 孩子 | háizi | （名） | child |
| 6. 太 | tài | （副） | too |
| 7. 去 | qù | （動） | to go |
| 8. 哪兒（哪儿） | nǎr | （代） | where |
| 9. 快餐店 | kuàicāndiàn | （名） | fast food restaurant |
| 店 | diàn | （名） | restaurant |
| 10. 早飯（早饭） | zǎofàn | （名） | breakfast |
| 早 | zǎo | （形） | early |
| 11. 錢（钱） | qián | （名） | money |
| 12. 真 | zhēn | （副） | really |
| 13. 快餐 | kuàicān | （名） | snack |
| 14. 每 | měi | （代） | every; each |
| 15. 天 | tiān | （名） | day |
| 16. 星期六 | xīngqīliù | （名） | Saturday |
| 星期 | xīngqī | （名） | week |
| 17. 星期天（日） | xīngqītiān（rì） | （名） | Sunday |
| 18. 今天 | jīntiān | （名） | today |
| 19. 號（号） | hào | （名） | date |
| 20. 月 | yuè | （名） | month |
| 21. 星期五 | xīngqīwǔ | （名） | Friday |
| 22. 明天 | míngtiān | （名） | tomorrow |

| | | | |
|---|---|---|---|
| 23. 再見（再见） | zàijiàn | （動） | to say good-bye |
| 再 | zài | （副） | again |
| 見（见） | jiàn | （動） | see |
| 24. 飯店（饭店） | fàndiàn | （名） | restaurant；hotel |

## 專名 Proper Names

| | | |
|---|---|---|
| 多多 | Duōduo | personal name |

# 第四課　早上好

## 課　文

中學生：你好!
小學生：早上好!
中學生：你叫什麼名字?
小學生：我叫多多。
中學生：你叫多多?
小學生：爸爸媽媽有八個孩子，我是第八個。
中學生：你爸爸媽媽有八個孩子？太多了！太多了!
小學生：你爸爸媽媽有幾個孩子?
中學生：我爸爸媽媽有一個孩子。
小學生：一個孩子？太少了！太少了!
中學生：不少！不少!
小學生：你去哪兒?
中學生：我去快餐店吃早飯。
小學生：你錢真多!
中學生：不，快餐店飯菜很便宜。
小學生：你每天去快餐店吃早飯嗎?
中學生：不，星期六、星期天（日）我不去。
小學生：今天幾號?
中學生：今天三月四號，星期五。
小學生：明天是星期六，你明天不去快餐店吃早飯，是不是?
中學生：是！是!
小學生：再見!
中學生：再見!

# 早上好　　第四课

## 课　文

中学生：你好！

小学生：早上好！

中学生：你叫什么名字？

小学生：我叫多多。

中学生：你叫多多？

小学生：爸爸妈妈有八个孩子，我是第八个。

中学生：你爸爸妈妈有八个孩子？太多了！太多了！

小学生：你爸爸妈妈有几个孩子？

中学生：我爸爸妈妈有一个孩子。

小学生：一个孩子？太少了！太少了！

中学生：不少！不少！

小学生：你去哪儿？

中学生：我去快餐店吃早饭。

小学生：你钱真多！

中学生：不，快餐店饭菜很便宜。

小学生：你每天去快餐店吃早饭吗？

中学生：不，星期六、星期天（日）我不去。

小学生：今天几号？

中学生：今天三月四号，星期五。

小学生：明天是星期六，你明天不去快餐店吃早饭，是不是？

中学生：是！是！

小学生：再见！

中学生：再见！

# 第五課 Lesson 5 好學生

## Good Students

### 生詞 New words

| | | | |
|---|---|---|---|
| 1. 天氣（天气） | tiānqì | （名） | weather |
| 2. 上課（上课） | shàng kè | | to go to class to attend class |
| 3. 遠（远） | yuǎn | （形） | far |
| 4. 近 | jìn | （形） | near |
| 5. 昨天 | zuótiān | （名） | yesterday |
| 6. 吧 | ba | （助） | modal particle |
| 7. 休息 | xiūxi | （動） | to have a rest |
| 8. 上午 | shàngwǔ | （名） | morning |
| 9. 下午 | xiàwǔ | （名） | afternoon |
| 10. 累 | lèi | （形） | tired |
| 11. 中午 | zhōngwǔ | （名） | noon |
| 12. 做 | zuò | （動） | to do |
| 13. 玩 | wán | （動） | to play |
| 14. 就 | jiù | （副） | right；exactly |
| 15. 在 | zài | （介） | in；at |
| 16. 外邊（外边） | wàibiān | （名） | outside |
| 17. 裏邊（里边） | lǐbiān | （名） | inside |
| 18. 晚上 | wǎnshang | （名） | evening |
| 19. 看 | kàn | （動） | to look to watch |
| 20. 書（书） | shū | （名） | book |
| 21. 寫（写） | xiě | （動） | to write |
| 22. 字 | zì | （名） | word；character |
| 23. 聽（听） | tīng | （動） | to listen |
| 24. 録音（录音） | lùyīn | （名） | recording |
| 録（录） | lù | （動） | to record |

| | | | |
|---|---|---|---|
| 音 | yīn | （名） | sound |
| 25. 壞（坏） | huài | （形） | bad |
| 26. 給（给） | gěi | （動） | to give |
| 27. 本 | běn | （量） | measure word |
| 28. 本子 | běnzi | （名） | note book |
| 29. 謝謝（谢谢） | xièxie | （動） | to thank |

# 第五課　　好學生

## 課　文

中學生：天氣真好！
小學生：天氣真好！
中學生：你去哪兒？
小學生：我去上課。
中學生：學校遠不遠？
小學生：學校不遠，很近。
中學生：每天都有課嗎？
小學生：昨天有課，今天有課，明天也有課。
中學生：星期六没有課吧？
小學生：星期六、星期天休息。
中學生：今天上午有課，下午也有課嗎？
小學生：今天上午下午都有課。
中學生：上午下午都有課，真累。
小學生：真累！真累！
中學生：你中午做什麽？
小學生：中午我玩玩。
中學生：玩玩？
小學生：玩玩就是休息。
中學生：你在學校外邊玩玩嗎？
小學生：不，我在學校裏邊玩玩。
中學生：你晚上做什麽？
小學生：我晚上看書、寫字、聽録音。
中學生：你真是好學生。
小學生：你是壞學生嗎？
中學生：不，我也是好學生。
　　　　我給你一本本子。
小學生：謝謝！

# 第五课　好学生

## 课　文

中学生：天气真好！
小学生：天气真好！
中学生：你去哪儿？
小学生：我去上课。
中学生：学校远不远？
小学生：学校不远，很近。
中学生：每天都有课吗？
小学生：昨天有课，今天有课，明天也有课。
中学生：星期六没有课吧？
小学生：星期六、星期天休息。
中学生：今天上午有课，下午也有课吗？
小学生：今天上午下午都有课。
中学生：上午下午都有课，真累。
小学生：真累！真累！
中学生：你中午做什么？
小学生：中午我玩玩。
中学生：玩玩？
小学生：玩玩就是休息。
中学生：你在学校外边玩玩吗？
小学生：不，我在学校里边玩玩。
中学生：你晚上做什么？
小学生：我晚上看书、写字、听录音。
中学生：你真是好学生。
小学生：你是坏学生吗？
中学生：不，我也是好学生。
　　　　我给你一本本子。
小学生：谢谢！

# 第六課 Lesson 6 買東西

## Going Shopping

### 生詞 New words

| | | | |
|---|---|---|---|
| 1. 買（买） | mǎi | （動） | to buy |
| 2. 東西（东西） | dōngxi | （名） | things, goods |
| 3. 從（从） | cóng | （介） | from |
| 4. 來（来） | lái | （動） | to come |
| 5. 商店 | shāngdiàn | （名） | shop |
| 6. 了 | le | （助） | modal particle |
| 7. 兩（两） | liǎng | （數） | two |
| 8. 件 | jiàn | （量） | measure word |
| 9. 毛衣 | máoyī | （名） | sweater |
| 毛 | máo | （名） | wool |
| 衣 | yī | （名） | clothes |
| 10. 詞典（词典） | cídiǎn | （名） | dictionary |
| 11. 白 | bái | （形） | white |
| 12. 黑 | hēi | （形） | black |
| 13. 哪 | nǎ | （代） | which |
| 14. 好看 | hǎokàn | （形） | good-looking nice |
| 15. 穿 | chuān | （動） | to wear; to put on |
| 16. 這（这） | zhè | （代） | this |
| 17. 那 | nà | （代） | that |
| 18. 短 | duǎn | （形） | short |
| 19. 一點兒（一点儿） | yìdiǎnr | （量） | a little |
| 20. 長（长） | cháng | （形） | long |
| 21. 賣（卖） | mài | （動） | to sell |
| 22. 大衣 | dàyī | （名） | over coat |
| 23. 一共 | yígòng | （副） | altogether, in all |

| | | | |
|---|---|---|---|
| 24. 百 | bǎi | （數） | hundred |
| 25. 塊（元） | kuài（yuán） | （量） | unit of currency |
| 26. 毛（角） | máo（jiǎo） | （量） | unit of currency |
| 27. 分 | fēn | （量） | unit of currency |
| 28. 最 | zuì | （副） | most |

# 第六課　　買東西

## 課　文

妹妹：姐姐，你從哪兒來？

姐姐：我從商店來。

妹妹：商店遠不遠？

姐姐：不遠，很近。

妹妹：你買了什麼東西？

姐姐：我買了兩件毛衣，一本詞典。

妹妹：你給我看看。

姐姐：兩件毛衣，一件是白的，一件是黑的，哪一件好看？

妹妹：我穿這件黑的，你穿那件白的。

姐姐：這件黑毛衣是給媽媽的。

妹妹：是給媽媽的？毛衣短了一點兒，要買長一點兒的。那個商店賣不賣大衣？

姐姐：那個商店不賣大衣。

妹妹：你没給我買東西嗎？

姐姐：買了，這本詞典是給你買的。

妹妹：詞典很便宜。

姐姐：不，小的便宜，大的不便宜。這是大詞典，大詞典很貴。

妹妹：兩件毛衣，一本詞典，一共多少錢？

姐姐：一共兩百三十四塊（元）五毛（角）六分。

妹妹：姐姐錢真多。

姐姐：不，是爸爸給的。

妹妹：爸爸最喜歡你。

姐姐：不，爸爸最喜歡媽媽。

# 买东西　　第六课

## 课　文

妹妹：姐姐，你从哪儿来？

姐姐：我从商店来。

妹妹：商店远不远？

姐姐：不远，很近。

妹妹：你买了什么东西？

姐姐：我买了两件毛衣，一本词典。

妹妹：你给我看看。

姐姐：两件毛衣，一件是白的，一件是黑的，哪一件好看？

妹妹：我穿这件黑的，你穿那件白的。

姐姐：这件黑毛衣是给妈妈的。

妹妹：是给妈妈的？毛衣短了一点儿，要买长一点儿的。那个商店卖不卖大衣？

姐姐：那个商店不卖大衣。

妹妹：你没给我买东西吗？

姐姐：买了，这本词典是给你买的。

妹妹：词典很便宜。

姐姐：不，小的便宜，大的不便宜。这是大词典，大词典很贵。

妹妹：两件毛衣，一本词典，一共多少钱？

姐姐：一共两百三十四块（元）五毛（角）六分。

妹妹：姐姐钱真多。

姐姐：不，是爸爸给的。

妹妹：爸爸最喜欢你。

姐姐：不，爸爸最喜欢妈妈。

# 第七課 Lesson 7 談學習

## Talking About Studies

### 生詞 New words

| | | | |
|---|---|---|---|
| 1. 談（谈） | tán | （動） | to talk |
| 2. 學習（学习） | xuéxí | （動、名） | to study; study |
| 3. 現在（现在） | xiànzài | （名） | now |
| 4. 刻 | kè | （量） | quarter |
| 5. 分 | fēn | （量） | minute |
| 6. 起 | qǐ | （動） | to get up |
| 7. 得 | de | （助） | structural particle |
| 8. 早 | zǎo | （形） | early |
| 9. 英語（英语） | Yīngyǔ | （名） | English (language) |
| 英 | Yīng | （名） | English |
| 語（语） | yǔ | （名） | language |
| 10. 看見（看见） | kànjiàn | | to see |
| 11. 能 | néng | （助動） | can; be able to |
| 12. 清楚 | qīngchu | （形） | clear |
| 13. 説（说） | shuō | （動） | to speak |
| 14. 怎麽樣（怎么样） | zěnmeyàng | （代） | how; what about |
| 15. 發音（发音） | fāyīn | （名） | pronunciation |
| 發（发） | fā | （動） | to pronounce |
| 16. 不錯（不错） | búcuò | （形） | pretty good |
| 17. 誰（谁） | shuí | （代） | who; whom |
| 18. 難看（难看） | nánkàn | （形） | ugly |
| 19. 快 | kuài | （形） | fast; quick |
| 20. 有時候（有时候） | yǒu shíhou | | some times |
| 21. 慢 | màn | （形） | slow |
| 22. 懂 | dǒng | （動） | to understand |

| | | | |
|---|---|---|---|
| 23. 到 | dào | （動） | up to |
| 24. 完 | wán | （動） | to end |
| 25. 睡 | shuì | （動） | to go to bed |
| 26. 晚 | wǎn | （形） | late |
| 27. 對（对） | duì | （形） | right |

## 專名 proper Names

| | | |
|---|---|---|
| 張（张） | zhāng | surname |

# 第七課　　談學習

## 課　文

妹妹：姐姐，今天幾號？
姐姐：今天三月四號，星期五。
妹妹：現在幾點？
姐姐：現在六點三刻。不，六點四十三分。
妹妹：你起得真早。
姐姐：我在看書。
妹妹：你在看什么書？
姐姐：我在看英語書。
妹妹：現在很早，你看得見看不見？
姐姐：我能看見。
妹妹：你看得清楚不清楚？
姐姐：我能看清楚。
妹妹：姐姐，你英語説得怎麼樣？
姐姐：老師説，發音很好，説得不錯。
妹妹：你們的英語老師是誰？
姐姐：我們的英語老師姓張。
妹妹：張老師真難看。
姐姐：不，那是她妹妹。
妹妹：張老師很好看嗎？
姐姐：很好看，很好看。
妹妹：張老師英語説得快不快？
姐姐：有時候説得快，有時候説得慢。
妹妹：你聽得懂聽不懂？
姐姐：有時候聽得懂，有時候聽不懂。

# 谈学习　　　　第七课

## 课　文

妹妹：姐姐，今天几号？

姐姐：今天三月四号，星期五。

妹妹：现在几点？

姐姐：现在六点三刻。不，六点四十三分。

妹妹：你起得真早。

姐姐：我在看书。

妹妹：你在看什么书？

姐姐：我在看英语书。

妹妹：现在很早，你看得见看不见？

姐姐：我能看见。

妹妹：你看得清楚不清楚？

姐姐：我能看清楚。

妹妹：姐姐，你英语说得怎么样？

姐姐：老师说，发音很好，说得不错。

妹妹：你们的英语老师是谁？

姐姐：我们的英语老师姓张。

妹妹：张老师真难看。

姐姐：不，那是她妹妹。

妹妹：张老师很好看吗？

姐姐：很好看，很好看。

妹妹：张老师英语说得快不快？

姐姐：有时候说得快，有时候说得慢。

妹妹：你听得懂听不懂？

姐姐：有时候听得懂，有时候听不懂。

妹妹：到六月三十號，這本書學得完學不完？

姐姐：到六月三十號，這本書學得完。

妹妹：你起得早，睡得晚，真累。

姐姐：從早到晚學習，真累！真累！

妹妹：我不學習英語，我不累。

姐姐：説得對，説得對，姐姐累，妹妹不累。

妹妹：到六月三十号，这本书学得完学不完？
姐姐：到六月三十号，这本书学得完。
妹妹：你起得早，睡得晚，真累。
姐姐：从早到晚学习，真累！真累！
妹妹：我不学习英语，我不累。
姐姐：说得对，说得对，姐姐累，妹妹不累。

## 第八課 Lesson 8　　同　屋

### Roommates

### 生詞 New words

| | | | |
|---|---|---|---|
| 1. 同屋 | tóngwū | （名） | roommate |
| 2. 敲 | qiāo | （動） | to knock |
| 3. 門（门） | mén | （名） | door |
| 4. 呀 | ya | （助） | model particle |
| 5. 請（请） | qǐng | （動） | please |
| 6. 進（进） | jìn | （動） | to enter |
| 7. 留學生（留学生） | liúxuéshēng | （名） | foreign student |
| 留學（留学） | liú xué | | study abroad |
| 8. 人 | rén | （名） | person |
| 9. 會（会） | huì | （助動、動） | can; to know |
| 10. 法語（法语） | Fǎyǔ | （名） | French (language) |
| 法 | Fǎ | （名） | French |
| 11. 漢語（汉语） | Hànyǔ | （名） | Chinese (language) |
| 漢（汉） | Hàn | （名） | Han, Chinese |
| 12. 打呼 | dǎ hū | | to snore |
| 13. 習慣（习惯） | xíguàn | （名、動） | habit; to be used |
| 14. 一樣（一样） | yíyàng | （形） | same; similar |
| 15. 書店（书店） | shūdiàn | （名） | book store |
| 16. 離（离） | lí | （介） | away from |
| 17. 這兒（这儿） | zhèr | （代） | here |
| 18. 左邊（左边） | zuǒbiān | （名） | left side |
| 19. 銀行（银行） | yínháng | （名） | bank |
| 20. 右邊（右边） | yòubiān | （名） | right side |
| 21. 那兒（那儿） | nàr | （代） | there |
| 22. 怎麼（怎么） | zěnme | （代） | how |
| 23. 走 | zǒu | （動） | to go; to walk |

| | | | |
|---|---|---|---|
| 24. 往 | wǎng | （介） | towards |
| 25. 前 | qián | （名） | front |
| 26. 拐 | guǎi | （動） | to turn |
| 27. 像 | xiàng | （動） | to resemble |

## 專名 proper Names

| | | |
|---|---|---|
| 1. 歐文（欧文） | Ōuwén | personal name |
| 2. 多雷 | Duōléi | personal name |
| 3. 法國（法国） | Fǎguó | France |
| 4. 美國（美国） | Měiguó | America |
| 5. 中國（中国） | Zhōngguó | China |

# 第八課　　同屋

## 課　文

(歐文敲門)

多雷：誰呀？請進！

歐文：你叫多雷，法國留學生，對嗎？

多雷：對，您貴姓？叫什麼名字？從哪兒來？

歐文：我叫歐文，美國人，我們是同屋。

多雷：你會説法語嗎？

歐文：不會，在中國，我們都説漢語，好嗎？

多雷：好！我晚上會打呼，你習慣不習慣？

歐文：我也會打呼，你習慣不習慣？

多雷：我們都一樣。你在這兒休息吧，現在我去書店。

歐文：書店在哪兒？離這兒遠不遠？

多雷：不遠，就在學校大門的左邊。

歐文：學校裏邊有没有銀行？

多雷：銀行在學校外邊，學校大門的右邊。

歐文：商店也在那兒嗎？

多雷：不在那兒。

歐文：商店怎麼走？

多雷：往前走，再往右拐。

歐文：你真好，像我的弟弟。

多雷：不對，我不像你的弟弟，我像你的哥哥。

# 第八课　同　屋

## 课　文

(欧文敲门)

多雷：谁呀？请进！

欧文：你叫多雷，法国留学生，对吗？

多雷：对，您贵姓？叫什么名字？从哪儿来？

欧文：我叫欧文，美国人，我们是同屋。

多雷：你会说法语吗？

欧文：不会，在中国，我们都说汉语，好吗？

多雷：好！我晚上会打呼，你习惯不习惯？

欧文：我也会打呼，你习惯不习惯？

多雷：我们都一样。你在这儿休息吧，现在我去书店。

欧文：书店在哪儿？离这儿远不远？

多雷：不远，就在学校大门的左边。

欧文：学校里边有没有银行？

多雷：银行在学校外边，学校大门的右边。

欧文：商店也在那儿吗？

多雷：不在那儿。

欧文：商店怎么走？

多雷：往前走，再往右拐。

欧文：你真好，像我的弟弟。

多雷：不对，我不像你的弟弟，我像你的哥哥。

## 第九课　Lesson 9　　在商店

## At The Shop

### 生词 New words

| | | | |
|---|---|---|---|
| 1. 售貨員（售货员） | shòuhuòyuán | （名） | shop assistant |
| 售 | shòu | （動） | to sell |
| 貨（货） | huò | （名） | goods |
| 員（员） | yuán | （尾） | suffix |
| 2. 還（还） | hái | （副） | still |
| 3. 想 | xiǎng | （助動、動） | would like<br>to want |
| 4. 紙（纸） | zhǐ（名） | | paper |
| 5. 刀 | dāo | （量） | measure word |
| 6. 別的 | biéde | （代） | else |
| 7. 地圖（地图） | dìtú | （名） | map |
| 圖（图） | tú | （名） | picture |
| 8. 張（张） | zhāng | （量） | measure word |
| 9. 零 | líng | （數） | zero |
| 10. 各 | gè | （代） | every；each |
| 11. 筆（笔） | bǐ | （名） | pen |
| 12. 鉛筆（铅笔） | qiānbǐ | （名） | pencil |
| 13. 鋼筆（钢笔） | gāngbǐ | （名） | pen |
| 鋼（钢） | gāng | （名） | steel |
| 14. 圓珠筆（圆珠笔） | yuánzhūbǐ | （名） | ball-point pen |
| 圓（圆） | yuán | （形） | round |
| 珠 | zhū | （名） | bead |
| 15. 顏色筆（颜色笔） | yánsèbǐ | （名） | colourful pen |
| 16. 顏色（颜色） | yánsè | （名） | colour |
| 17. 紅（红） | hóng | （形） | red |

| | | | |
|---|---|---|---|
| 18. 黄 | huáng | （形） | yellow |
| 19. 藍（蓝） | lán | （形） | blue |
| 20. 緑（绿） | lǜ | （形） | green |
| 21. 種（种） | zhǒng | （名、量） | kind；sort |
| 22. 枝 | zhī | （量） | measure word |
| 23. 盒 | hé | （量） | box |
| 24. 對不起（对不起） | duì bu qǐ | | sorry |
| 25. 錯（错） | cuò | （形） | wrong |
| 26. 没關係（没关系） | méi guānxi | | It doesn't matter |
| 27. 找 | zhǎo | （動） | to give change |

## 专名 Proper Names

| | | |
|---|---|---|
| 1. 上海地圖（上海地图） | Shànghǎi Dìtú | map of Shanghai |
| 2. 中國地圖（中国地图） | Zhōngguó Dìtú | map of China |

# 第九課　　在商店

## 課　文

售貨員：你要買什麼?
歐　文：我要買本子。
售貨員：這本怎麼樣?
歐　文：有大一點兒的嗎?
售貨員：這本呢?
歐　文：多少錢一本?
售貨員：三塊（元）錢一本。
歐　文：我買五本。
售貨員：還想買什麼?
歐　文：有紙嗎?
售貨員：有，六塊（元）錢一刀。
歐　文：我買兩刀。
售貨員：還想買别的嗎?
歐　文：上海地圖多少錢一張?
售貨員：四塊（元）兩毛（角）五。
歐　文：中國地圖呢?
售貨員：五塊（元）零五分。
歐　文：各要一張。有筆嗎?
售貨員：有，鉛筆、鋼筆、圓珠筆、顔色筆都有。
歐　文：我要買顔色筆。
售貨員：紅、黄、藍、緑、黑，各種顔色都有。要幾枝?
歐　文：多少錢一盒?
售貨員：八塊（元）四毛（角）錢。
歐　文：也要一盒。一共多少錢?

# 在商店　**第九课**

## 课　文

售货员：你要买什么？
欧　文：我要买本子。
售货员：这本怎么样？
欧　文：有大一点儿的吗？
售货员：这本呢？
欧　文：多少钱一本？
售货员：三块（元）钱一本。
欧　文：我买五本。
售货员：还想买什么？
欧　文：有纸吗？
售货员：有，六块（元）钱一刀。
欧　文：我买两刀。
售货员：还想买别的吗？
欧　文：上海地图多少钱一张？
售货员：四块（元）两毛（角）五。
欧　文：中国地图呢？
售货员：五块（元）零五分。
欧　文：各要一张。有笔吗？
售货员：有，铅笔、钢笔、圆珠笔、颜色笔都有。
欧　文：我要买颜色笔。
售货员：红、黄、蓝、绿、黑，各种颜色都有。要几枝？
欧　文：多少钱一盒？
售货员：八块（元）四毛（角）钱。
欧　文：也要一盒。一共多少钱？

售貨員：五本本子，兩刀紙，兩張地圖，一盒顏色筆，一共四十四塊（元）七毛（角）。

歐　文：一共十四塊（元）一毛（角）?

售貨員：不，是四十四塊，不是十四塊；是七毛，不是一毛。一共四十四塊七毛。

歐　文：對不起，不是你説錯了，是我聽錯了。

售貨員：没關係。

歐　文：給你五十塊（元）。

售貨員：找你五塊（元）三毛（角）。

歐　文：謝謝!

售貨員：再見!

售货员：五本本子，两刀纸，两张地图，一盒颜色笔，一共四十四块（元）七毛（角）。

欧　文：一共十四块（元）一毛（角）？

售货员：不，是四十四块，不是十四块；是七毛，不是一毛。一共四十四块七毛。

欧　文：对不起，不是你说错了，是我听错了。

售货员：没关系。

欧　文：给你五十块（元）。

售货员：找你五块（元）三毛（角）。

欧　文：谢谢！

售货员：再见！

## 第十课 Lesson 10 喝 茶

### Drinking Tea

### 生词 New Words

| | | | |
|---|---|---|---|
| 1. 喝 | hē | （動） | to drink |
| 2. 茶 | chá | （名） | tea |
| 3. 茶館（茶馆） | cháguǎn | （名） | tea house |
| 館（馆） | guǎn | （名） | house |
| 4. 渴 | kě | （形） | thirsty |
| 5. 樓（楼） | lóu | （名） | building |
| 6. 或者 | huòzhě | （連） | or |
| 7. 行 | xíng | （形） | fine；OK |
| 8. 上樓（上楼） | shàng lóu | | go upstairs |
| 9. 請客（请客） | qǐng kè | | to invite sb to dinner |
| 客 | kè | （名） | guest |
| 10. 服務員（服务员） | fúwùyuán | （名） | attendant；waiter |
| 服務（服务） | fúwù | （動、名） | to serve<br>service |
| 11. 位 | wèi | （量） | measure word |
| 12. 先生 | xiānsheng | （名） | Mr. |
| 13. 坐 | zuò | （動） | to sit |
| 14. 只 | zhǐ | （副） | only；just |
| 15. 聽説（听说） | tīng shuō | | I hear；it is said |
| 16. 好喝 | hǎohē | （形） | good to drink |
| 17. 花茶 | huāchá | （名） | scented tea |
| 花 | huā | （名） | flower |
| 18. 茶杯 | chábēi | （名） | tea cup |
| 杯 | bēi | （名，量） | cup |
| 19. 音樂（音乐） | yīnyuè | （名） | music |

# 喝　茶　第十课

## 课　文

小　王：那就是上海茶馆。
多　雷：我渴了，我们喝茶去。
小　王：楼上喝还是楼下喝？
多　雷：楼上或者楼下都行。
小　王：楼上贵，楼下便宜。
多　雷：楼上吧，今天我请客。
（小王、多雷上了楼）
服务员：两位先生请坐，想喝什么茶？
小　王：多雷，你喜欢喝红茶还是喝绿茶？
多　雷：我们法国只有黑茶，没有红茶。
小　王：法国叫黑茶，中国叫红茶，一样。
多　雷：我喜欢喝绿茶，听说绿茶很好喝。
服务员：是的，两位都要绿茶？
小　王：不，我要喝花茶。
服务员：行。请喝茶。
小　王：茶很好喝，茶杯也很好看。
多　雷：这儿还有音乐？真好听！
小　王：这叫喝名茶，听名曲。
多　雷：这名茶名曲的"名"是"有名"的意思吧？
小　王：对，还有名烟、名酒……
多　雷：小王，你喜欢抽烟还是喜欢喝酒？
小　王：抽烟或者喝酒，我都喜欢，你呢？
多　雷：我只会喝酒，不会抽烟。

# 第十一课 Lesson 11 交朋友

## Making Friends

### 生词 New words

| | | | |
|---|---|---|---|
| 1. 交 | jiāo | （動） | to make |
| 2. 朋友 | péngyou | （名） | friend |
| 3. 大夫 | dàifu | （名） | doctor |
| 4. 病 | bìng | （名） | illness |
| 5. 感冒 | gǎnmào | （名） | cold |
| 6. 藥（药） | yào | （名） | medicine |
| 7. 好 | hǎo | （形） | well |
| 8. 工作 | gōngzuò | （動、名） | to work; work |
| 9. 忙 | máng | （形） | busy |
| 10. 醫生（医生） | yīshēng | （名） | doctor |
| 11. 放心 | fàngxīn | | to set one's mind at rest |
| 心 | xīn | （名） | mind; heart |
| 12. 千 | qiān | （數） | thousand |
| 13. 萬（万） | wàn | （數） | ten thousands |
| 14. 嘛 | ma | （助） | modal particle |
| 15. 可能 | kěnéng | （助動、名） | can; may; possibility |
| 16. 女兒（女儿） | nǚ'ér | （名） | daughter |
| 17. 兒子（儿子） | érzi | （名） | son |
| 18. 老大 | lǎodà | （名） | the oldest child |
| 老 | lǎo | （頭） | prefix |
| 19. 老二 | lǎo'èr | （名） | the second child |
| 20. 老三 | lǎosān | （名） | the third child |
| 21. 多大 | duō dà | | how old |
| 22. 歲（岁） | suì | （量） | age; years |
| 23. 高 | gāo | （形） | tall |

| | | | |
|---|---|---|---|
| 24. 矮 | ǎi | （形） | short |
| 25. 家 | jiā | （名） | family；home |
| 26. 地址 | dìzhǐ | （名） | address |
| 27. 電話（电话） | diànhuà | （名） | telephone；phone |
| 電（电） | diàn | （名） | electric |
| 28. 號碼（号码） | hàomǎ | （名） | number |
| 號（号） | hào | （名、量） | number |
| 29. 空 | kòng | （形） | free |

## 专名 Proper Names

| | | |
|---|---|---|
| 丁 | Dīng | surname |

# 第十一課　　交朋友

## 課　文

歐　文：大夫，您貴姓？

丁大夫：我姓丁。

歐　文：丁大夫，我的病怎麼樣？

丁大夫：没關係，是感冒，吃一點兒藥，病就好了。

歐　文：丁大夫，您工作忙不忙？

丁大夫：中國醫生都很忙。

歐　文：錢也很多？

丁大夫：不多。

歐　文：我們交個朋友，行嗎？

丁大夫：行！

歐　文：中國醫生是我的朋友，我媽就一百個放心，一千個放心，一萬個放心了。

丁大夫：一百個放心，一千個放心，一萬個放心，漢語説得不錯嘛！

歐　文：我媽媽是中國人。

丁大夫：你不像中國人。

歐　文：我爸爸是美國人。

丁大夫：對，你可能像你爸爸。

歐　文：丁大夫，您有幾個孩子？

丁大夫：我有三個孩子。

歐　文：是女兒還是兒子？

丁大夫：老大和老二是兒子，老三是女兒。

歐　文：老三多大了？

丁大夫：十八歲。

# 交朋友　第十一课

## 课　文

欧　文：大夫，您贵姓？

丁大夫：我姓丁。

欧　文：丁大夫，我的病怎么样？

丁大夫：没关系，是感冒，吃一点儿药，病就好了。

欧　文：丁大夫，你工作忙不忙？

丁大夫：中国医生都很忙。

欧　文：钱也很多？

丁大夫：不多。

欧　文：我们交个朋友，行吗？

丁大夫：行！

欧　文：中国医生是我的朋友，我妈就一百个放心，一千个放心，一万个放心了。

丁大夫：一百个放心，一千个放心，一万个放心，汉语说得不错嘛！

欧　文：我妈妈是中国人。

丁大夫：你不像中国人。

欧　文：我爸爸是美国人。

丁大夫：对，你可能像你爸爸。

欧　文：丁大夫，您有几个孩子？

丁大夫：我有三个孩子。

欧　文：是女儿还是儿子？

丁大夫：老大和老二是儿子，老三是女儿。

欧　文：老三多大了？

丁大夫：十八岁。

歐　文：像您嗎？
丁大夫：不像我，像她媽媽。
歐　文：高不高？
丁大夫：不高也不矮。
歐　文：好看嗎？
丁大夫：你真壞！
歐　文：我真壞？我們不是交朋友了？
丁大夫：你説呢？這是我家的地址和電話號碼，有空去我家玩兒。
歐　文：丁大夫，您真好，謝謝！

欧　文：像您吗？
丁大夫：不像我，像她妈妈。
欧　文：高不高？
丁大夫：不高也不矮。
欧　文：好看吗？
丁大夫：你真坏！
欧　文：我真坏？我们不是交朋友了？
丁大夫：你说呢？这是我家的地址和电话号码，有空去我家玩儿。
欧　文：丁大夫，您真好，谢谢！

# 第十二课 Lesson 12 看照片

## Looking at the Photos

### 生词 New words

| | | | |
|---|---|---|---|
| 1. 照片 | zhàopiàn | （名） | photo |
| 2. 口 | kǒu | （量，名） | measure word for people in a family |
| 3. 拿 | ná | （動） | to take |
| 4. 一起 | yìqǐ | （副） | together |
| 5. 父親（父亲） | fùqīn | （名） | father |
| 6. 母親（母亲） | mǔqīn | （名） | mother |
| 7. 前邊（前边） | qiánbiān | （名） | in front of |
| 8. 着 | zhe | （助） | aspect particle |
| 9. 旁邊（旁边） | pángbiān | （名） | beside；next to |
| 10. 站 | zhàn | （動） | to stand |
| 11. 后邊（后边） | hòubiān | （名） | back |
| 12. 中間（中间） | zhōngjiān | （名） | middle |
| 13. 時候（时候） | shíhou | （名） | time；moment |
| 14. 拍 | pāi | （動） | to take photo |
| 15. 以前 | yǐqián | （名） | before |
| 16. 上個月（上个月） | shàng ge yuè | | last month |
| 17. 漂亮 | piàoliàng | （形） | beautiful |
| 18. 當然（当然） | dāngrán | （形） | sure；certain |
| 19. 雖然（虽然） | suīrán | （連） | though |
| 20. 可是 | kěshì | （連） | but |
| 21. 笨 | bèn | （形） | stupid |
| 22. 糖 | táng | （名） | sugar |
| 23. 常常 | chángcháng | （副） | often |
| 24. 牙醫（牙医） | yáyī | （名） | dentist |

| | | | |
|---|---|---|---|
| 牙 | yá | （名） | tooth |
| 25. 睡覺（睡觉） | shuìjiào | （動） | go to bed |
| 26. 聰明（聪明） | cōngming | （形） | clever; smart |
| 27. 以後（以后） | yǐhòu | （名） | later, after |
| 28. 信 | xìn | （名） | letter |
| 29. 打電話（打电话） | dǎ diànhuà | | to make a call |
| 打 | dǎ | （動） | to make |
| 30. 寄 | jì | （動） | to post |
| 31. 下星期 | xià xīngqī | | next week |

# 第十二課　看照片

## 課　文

歐文：多雷，你在做什麼？

多雷：我在看照片呢。

歐文：誰的照片？

多雷：我們家的照片。

歐文：你家幾口人？

多雷：我家八口人。

歐文：八口人？拿給我看看。

多雷：你來這兒，我們一起看。

歐文：你的父親、母親在前邊坐着。

多雷：我的弟弟、妹妹在旁邊站着。

歐文：你父母的後邊呢？

多雷：那是我大姐二姐，他們在中間。我和哥哥站在她們的旁邊。

歐文：這是什麼時候拍的？

多雷：這是來中國以前拍的。

歐文：上個月嗎？

多雷：對，上個月。

歐文：你的哥哥、弟弟、姐姐、妹妹都很漂亮。

多雷：我不漂亮嗎？

歐文：漂亮，漂亮，你當然也很漂亮。你喜歡妹妹嗎？

多雷：不喜歡。我妹妹雖然很漂亮，可是她很笨。她不喜歡看書、寫字，她喜歡吃糖。她常常去看牙醫，看牙醫很貴。

歐文：你喜歡哥哥嗎？

多雷：也不喜歡，他睡覺的時候，常常打呼。

歐文：你喜歡不喜歡弟弟？

# 看照片　　第十二课

## 课　文

欧文：多雷，你在做什么？
多雷：我在看照片呢。
欧文：谁的照片？
多雷：我们家的照片。
欧文：你家几口人？
多雷：我家八口人。
欧文：八口人？拿给我看看。
多雷：你来这儿，我们一起看。
欧文：你的父亲、母亲在前边坐着。
多雷：我的弟弟、妹妹在旁边站着。
欧文：你父母的后边呢？
多雷：那是我大姐二姐，他们在中间。我和哥哥站在她们的旁边。
欧文：这是什么时候拍的？
多雷：这是来中国以前拍的。
欧文：上个月吗？
多雷：对，上个月。
欧文：你的哥哥、弟弟、姐姐、妹妹都很漂亮。
多雷：我不漂亮吗？
欧文：漂亮，漂亮，你当然也很漂亮。你喜欢妹妹吗？
多雷：不喜欢。我妹妹虽然很漂亮，可是她很笨。她不喜欢看书、写字，她喜欢吃糖。她常常去看牙医，看牙医很贵。
欧文：你喜欢哥哥吗？
多雷：也不喜欢，他睡觉的时候，常常打呼。
欧文：你喜欢不喜欢弟弟？

多雷：弟弟很聰明，我們都很喜歡他。

歐文：姐姐怎么樣?

多雷：兩個姐姐都有工作，常常來看父母，很好。

歐文：你來中國以後，常給家裏寫信嗎?

多雷：那當然，我常常寫信，也常常打電話。

歐文：寄信便宜，打電話很貴。

多雷：雖然我的錢不多，可是我有時候要打電話。

歐文：對，下星期我也要給父母打電話。

多雷：弟弟很聪明，我们都很喜欢他。

欧文：姐姐怎么样？

多雷：两个姐姐都有工作，常常来看父母，很好。

欧文：你来中国以后，常给家里写信吗？

多雷：那当然，我常常写信，也常常打电话。

欧文：寄信便宜，打电话很贵。

多雷：虽然我的钱不多，可是我有时候要打电话。

欧文：对，下星期我也要给父母打电话。

## 第十三課 Lesson 13 談房子

### Talking About the House

### 生詞 New words

| | | | |
|---|---|---|---|
| 1. 房子 | fángzi | （名） | house |
| 2. 新 | xīn | （形） | new |
| 3. 比 | bǐ | （介、動） | than |
| | | | to compare |
| 4. 舊（旧） | jiù | （形） | old |
| 5. 東邊（东边） | dōngbiān | （名） | east side |
| 6. 西邊（西边） | xībiān | （名） | west side |
| 7. 卧室 | wòshì | （名） | bedroom |
| 8. 客廳（客厅） | kètīng | （名） | drawing room；parlor |
| 9. 南邊（南边） | nánbiān | （名） | south side |
| 10. 院子 | yuànzi | （名） | courtyard |
| 11. 北邊（北边） | běibiān | （名） | north side |
| 12. 衛生間（卫生间） | wèishēngjiān | （名） | toilet |
| 衛生（卫生） | wèishēng | （名、形） | hygiene |
| 13. 厨房 | chúfáng | （名） | kitchen |
| 14. 朝 | cháo | （介） | towards |
| 15. 冬天 | dōngtiān | （名） | winter |
| 16. 冷 | lěng | （形） | cold |
| 17. 夏天 | xiàtiān | （名） | summer |
| 18. 熱（热） | rè | （形） | hot |
| 19. 電腦（电脑） | diànnǎo | （名） | computer; |
| 腦（脑） | nǎo | （名） | brain |
| 20. 電視機（电视机） | diànshìjī | （名） | TV set |
| 機（机） | jī | （名） | machine |
| 21. 生活 | shēnghuó | （名、動） | to lead a life |

| | | | |
|---|---|---|---|
| 22. 跟 | gēn | （介、連、動） | with；and；to follow |
| 23. 外國（外国） | wàiguó | （名） | foreign country |
| 24. 差不多 | chàbuduō | （形） | similar |
| 25. 對面（对面） | duìmiàn | （名） | opposite |
| 26. 差 | chà | （形） | bad |
| 27. 為甚麼（为什么） | wèi shénme | | why |
| 28. 住 | zhù | （動） | to live |
| 29. 因為（因为） | yīnwei | （連） | because |
| 30. 醫院（医院） | yīyuàn | （名） | hospital |
| 31. 房租 | fángzū | （名） | rent |
| 32. 國家（国家） | guójiā | （名） | country；nation |
| 33. 乾淨（干净） | gānjìng | （形） | clean |
| 34. 髒（脏） | zāng | （形） | dirty |
| 35. 房間（房间） | fángjiān | （名） | room |

# 第十三課　　談房子

## 課　文

(歐文敲門)

丁大夫：誰呀？

歐　文：是我，歐文。

丁大夫：請進！請坐！請喝茶！

歐　文：謝謝！丁大夫，您的房子很不錯嘛。

丁大夫：這新房子比舊房子大多了。你看，這東邊，西邊是卧室，中間是客廳，南邊是院子，北邊是衛生間和厨房。朝南的房子冬天不冷，夏天不熱，是不錯。

歐　文：客廳里有電腦，電視機，生活跟外國差不多。

丁大夫：跟外國差不多？我女兒説，比外國差多了。

歐　文：外國人不都有錢。

丁大夫：對，對，不都有錢。

歐　文：你們對面是誰？也是醫生嗎？

丁大夫：對面是醫生，樓上也是醫生。

歐　文：為什麽你們醫生都住在一起？

丁大夫：因為這房子是醫院買的。

歐　文：房租貴不貴？

丁大夫：房租比以前貴多了。

歐　文：我們國家的房租也比以前貴多了。

丁大夫：我們都一樣。

歐　文：您家的房子真乾净，因為您是醫生。

丁大夫：可是我兒子的房間很髒。

歐　文：因為他不是醫生呀！

丁大夫：對，對，父親是醫生，兒子不是醫生。

# 第十三课 谈房子

## 课 文

(欧文敲门)

丁大夫：谁呀？

欧　文：是我，欧文。

丁大夫：请进！请坐！请喝茶！

欧　文：谢谢！丁大夫，您的房子很不错嘛。

丁大夫：这新房子比旧房子大多了。你看，这东边，西边是卧室，中间是客厅，南边是院子，北边是卫生间和厨房。朝南的房子冬天不冷，夏天不热，是不错。

欧　文：客厅里有电脑，电视机，生活跟外国差不多。

丁大夫：跟外国差不多？我女儿说，比外国差多了。

欧　文：外国人不都有钱。

丁大夫：对，对，不都有钱。

欧　文：你们对面是谁？也是医生吗？

丁大夫：对面是医生，楼上也是医生。

欧　文：为什么你们医生都住在一起？

丁大夫：因为这房子是医院买的。

欧　文：房租贵不贵？

丁大夫：房租比以前贵多了。

欧　文：我们国家的房租也比以前贵多了。

丁大夫：我们都一样。

欧　文：您家的房子真干净，因为您是医生。

丁大夫：可是我儿子的房间很脏。

欧　文：因为他不是医生呀！

丁大夫：对，对，父亲是医生，儿子不是医生。

# 第十四课 Lesson 14　打電話（一）

## Making a Phone-call

### 生词 New words

| | | | |
|---|---|---|---|
| 1. 喂 | wèi | （嘆） | hello |
| 2. 可 | kě | （副） | for emphasis |
| 3. 脾氣（脾气） | píqi | （名） | temper |
| 4. 床 | chuáng | （名） | bed |
| 5. 桌子 | zhuōzi | （名） | table |
| 6. 把 | bǎ | （量） | measure wood |
| 7. 椅子 | yǐzi | （名） | chair |
| 8. 書架（书架） | shūjià | （名） | bookshelf |
| 架 | jià | （名） | shelf |
| 9. 路 | lù | （名） | way; distance |
| 10. 分鐘（分钟） | fēnzhōng | （名） | minute |
| 11. 弄 | nòng | （動） | to make |
| 12. 衣服 | yīfu | （名） | clothes |
| 13. 生氣（生气） | shēngqì | | be angry |
| 14. 洗 | xǐ | （動） | to wash |
| 15. 後来（后来） | hòulái | （名） | later; afterwards |
| 16. 理 | lǐ | （動） | to pay attention to |
| 17. 生病 | shēng bìng | | fall ill |
| 病 | bìng | （名） | illness |
| 18. 已經（已经） | yǐjīng | （副） | already |
| 19. 老 | lǎo | （形） | old |
| 20. 認識（认识） | rènshi | （動） | to know |
| 21. 身體（身体） | shēntǐ | （名） | health; body |
| 22. 為了（为了） | wèile | （動、介） | in order to; for |
| 23. 練習（练习） | liànxí | （動、名） | to practise exercise |

| | | | |
|---|---|---|---|
| 24. 了解 | liǎojiě | （動） | to understand |
| 25. 喲（哟） | yō | （助） | modal particle |
| 26. 多久 | duō jiǔ | | how long |
| 久 | jiǔ | （形） | long |
| 27. 小時（小时） | xiǎoshí | （名） | hour |
| 28. 愛（爱） | ài | （動） | to like；be fond of |
| 29. 叫 | jiào | （動） | to wake sb up |
| 30. 不必 | búbì | （副） | need not |
| 31. 下次 | xià cì | | next time |

# 第十四課　打電話（一）

## 課　文

媽媽：喂，喂，你是誰？你是歐文嗎？你在上海給我打電話嗎？媽可想你呢，你好嗎？

歐文：媽，我很好。我的同屋是法國人，他從法國來，他的名字叫多雷。

媽媽：你跟多雷住在一起？你們的房間大不大？東西多不多？離教室遠不遠？多雷的脾氣好不好？

歐文：我們的房間很大，是朝南的。東西很多：有兩張床，兩張桌子，兩把椅子，兩個書架。我們的房間離教室很近，走路只要十分鐘。我的同屋脾氣很好，我弄髒了他一件衣服，他也不生氣。

媽媽：你弄髒了同屋的衣服？洗乾净了没有？還要説對不起。你説了没有？後來他理不理你？

# 打電話（一）　第十四課

## 課　文

妈妈：喂，喂，你是谁？你是欧文吗？你在上海给我打电话吗？妈可想你呢，你好吗？

欧文：妈，我很好。我的同屋是法国人，他从法国来，他的名字叫多雷。

妈妈：你跟多雷住在一起？你们的房间大不大？东西多不多？离教室远不远？多雷的脾气好不好？

欧文：我们的房间很大，是朝南的。东西很多：有两张床，两张桌子，两把椅子，两个书架。我们的房间离教室很近，走路只要十分钟。我的同屋脾气很好，我弄脏了他一件衣服，他也不生气。

妈妈：你弄脏了同屋的衣服？洗干净了没有？还要说对不起。你说了没有？后来他理不理你？

歐文：當然理我。我生病，他跟我一起去看醫生。

媽媽：你生病了？生了什麼病？

歐文：是感冒，没關係，現在已經好了。我還交了一位朋友，一位老朋友。

媽媽：老朋友？一位老朋友？他是誰？

歐文：就是那位醫生，他姓丁。

媽媽：丁醫生是你的老朋友嗎？是以前在美國認識的嗎？

歐文：不，不，不是新朋友老朋友的意思，他是老醫生，他説他已經老了，我就説他是老朋友。

媽媽：老朋友好，老朋友好，你的老朋友是大夫，媽就一百個放心了。

歐文：媽，我身體很好，不再生病了。我跟中國醫生交朋友，一是為了練習説漢語，二是為了了解中國。

媽媽：説得對，説得對，你還要跟爸爸説話嗎？喲，他睡在床上，還在睡覺呢。

歐文：他睡了多久了？

媽媽：他睡了十個小時了，真愛睡。叫他嗎？

歐文：不必了，下次再説吧。

欧文：当然理我。我生病，他跟我一起去看医生。

妈妈：你生病了？生了什么病？

欧文：是感冒，没关系，现在已经好了。我还交了一位朋友，一位老朋友。

妈妈：老朋友？一位老朋友？他是谁？

欧文：就是那位医生，他姓丁。

妈妈：丁医生是你的老朋友吗？是以前在美国认识的吗？

欧文：不，不，不是新朋友老朋友的意思，他是老医生，他说他已经老了，我就说他是老朋友。

妈妈：老朋友好，老朋友好，你的老朋友是大夫，妈就一百个放心了。

欧文：妈，我身体很好，不再生病了。我跟中国医生交朋友，一是为了练习说汉语，二是为了了解中国。

妈妈：说得对，说得对，你还要跟爸爸说话吗？哟，他睡在床上，还在睡觉呢。

欧文：他睡了多久了？

妈妈：他睡了十个小时了，真爱睡。叫他吗？

欧文：不必了，下次再说吧。

# 第十五課 Lesson 15 北京和巴黎

## Beijing and Paris

### 生詞 New words

| | | | |
|---|---|---|---|
| 1. 去年 | qùnián | （名） | last year |
| 2. 年 | nián | （名） | year |
| 3. 不同 | bù tóng | | difference |
| 4. 容易 | róngyi | （形） | easy |
| 5. 人口 | rénkǒu | （名） | population |
| 6. 交通 | jiāotōng | （名） | traffic |
| 7. 那麼（那么） | nàme | （代） | like that |
| 8. 公共汽車（公共汽车） | gōnggòng qìchē | | bus |
| 公共 | gōnggòng | （形） | public；mass |
| 汽車（汽车） | qìchē | （名） | bus |
| 9. 出租汽車（出租汽车） | chūzū qìchē | | taxi，cab |
| 10. 地鐵（地铁） | dìtiě | （名） | subway；metro |
| 鐵（铁） | tiě | （名） | railway |
| 11. 比較（比较） | bǐjiào | （副） | relatively<br>rather |
| 12. 寬（宽） | kuān | （形） | wide |
| 13. 難（难） | nán | （形） | hard |
| 14. 覺得（觉得） | juéde | （動） | to feel |
| 15. 座 | zuò | （量） | measure word |
| 16. 氣候（气候） | qìhòu | （名） | climate |
| 17. 春天 | chūntiān | （名） | spring |
| 18. 暖和 | nuǎnhuo | （形） | warm |
| 19. 秋天 | qiūtiān | （名） | autumn |
| 20. 涼快（凉快） | liángkuai | （形） | cool |
| 21. 這麼（这么） | zhème | （代） | like this；such |

| | | | |
|---|---|---|---|
| 22. 多雲（多云） | duō yún | | cloudy |
| 23. 下雨 | xià yǔ | | to rain |
| 24. 下雪 | xià xuě | | to snow |
| 25. 世界 | shìjiè | （名） | world |
| 26. 文化 | wénhuà | （名） | culture |
| 27. 地方 | dìfang | （名） | location；place |
| 28. 古迹 | gǔjì | （名） | historic site |
| 古 | gǔ | （形） | ancient |
| 29. 今年 | jīnnián | （名） | this year |
| 30. 明年 | míngnián | （名） | next year |

## 專名 Proper Names

| | | |
|---|---|---|
| 1. 北京 | Běijīng | Beijing |
| 2. 巴黎 | Bālí | Paris |
| 3. 長城（长城） | Chángchéng | the Great wall |

# 第十五課　　北京和巴黎

## 課　文

歐文：多雷，你了解北京嗎？

多雷：我去年在北京學習了一年，當然了解北京。

歐文：你能說說北京和巴黎有什麼不同嗎？

多雷：這很容易。北京比巴黎大，人口比巴黎多，可是交通没有巴黎那麼好。

歐文：北京有很多公共汽車，出租汽車，還有地鐵，交通還不好嗎？

多雷：北京的汽車没有巴黎那麼多，地鐵也没有巴黎那麼長。雖然路比較寬，可是人太多，坐車比巴黎難。

歐文：你覺得兩座城市的氣候怎么樣？

多雷：北京冬天比巴黎冷，夏天比巴黎熱，春天比巴黎暖和，秋天比巴黎凉快。

歐文：那麼春天和秋天長不長呢？

多雷：巴黎的春天和秋天没有北京這麼長，冬天不是多雲就是下雨。

歐文：下雪嗎？

多雷：有時候下雪。

歐文：北京和巴黎都是世界文化名城，兩座城市一樣好玩，對不對？

多雷：對,對。北京最好玩的地方是長城。長城是古迹,你們美國没有。

歐文：我們美國没有，你們法國也没有。

多雷：我們法國雖然没有長城，可是我們有别的古迹，巴黎就有不少古迹。

歐文：那麼你喜歡北京還是巴黎？

多雷：北京和巴黎我一樣喜歡。

歐文：你還想去北京玩嗎？

多雷：那當然，北京太好玩了，今年冬天或者明年夏天我還想再去北京玩玩。

# 北京和巴黎　　第十五课

## 课　文

欧文：多雷，你了解北京吗？

多雷：我去年在北京学习了一年，当然了解北京。

欧文：你能说说北京和巴黎有什么不同吗？

多雷：这很容易。北京比巴黎大，人口比巴黎多，可是交通没有巴黎那么好。

欧文：北京有很多公共汽车，出租汽车，还有地铁，交通还不好吗？

多雷：北京的汽车没有巴黎那么多，地铁也没有巴黎那么长。虽然路比较宽，可是人太多，坐车比巴黎难。

欧文：你觉得两座城市的气候怎么样？

多雷：北京冬天比巴黎冷，夏天比巴黎热，春天比巴黎暖和，秋天比巴黎凉快。

欧文：那么春天和秋天长不长呢？

多雷：巴黎的春天和秋天没有北京这么长，冬天不是多云就是下雨。

欧文：下雪吗？

多雷：有时候下雪。

欧文：北京和巴黎都是世界文化名城，两座城市一样好玩，对不对？

多雷：对，对。北京最好玩的地方是长城。长城是古迹，你们美国没有。

欧文：我们美国没有，你们法国也没有。

多雷：我们法国虽然没有长城，可是我们有别的古迹，巴黎就有不少古迹。

欧文：那么你喜欢北京还是巴黎？

多雷：北京和巴黎我一样喜欢。

欧文：你还想去北京玩吗？

多雷：那当然，北京太好玩了，今年冬天或者明年夏天我还想再去北京玩玩。

## 第十六課 Lesson 16 中餐館

### Chinese-food Restaurant

### 生詞 New words

| | | | |
|---|---|---|---|
| 1. 中餐館（中餐馆） | Zhōngcānguǎn | （名） | Chinese-food restaurant |
| 2. 餓（饿） | è | （形） | hungry |
| 3. 有點兒（有点儿） | yǒudiǎnr | （副） | a little, a bit |
| 4. 西餐館（西餐馆） | xīcānguǎn | （名） | Western-food restaurant |
| 5. 東方（东方） | dōngfāng | （名） | the East |
| 6. 總（是）[总（是）] | zǒng (shì) | （副） | always |
| 7. 西方 | xīfāng | （名） | the west |
| 8. 飽（饱） | bǎo | （形） | full |
| 9. 舒服 | shūfu | （形） | be well |
| 10. 盤（盘） | pán | （名、量） | plate; measure word |
| 11. 碗 | wǎn | （名、量） | bowl (m. w) |
| 12. 湯（汤） | tāng | （名） | soup |
| 13. 够 | gòu | （形、動） | enough; to be enough |
| 14. 菜單（菜单） | càidān | （名） | menu |
| 單（单） | dān | （名） | bill |
| 15. 點菜（点菜） | diǎn cài | | order dishes |
| 點（点） | diǎn | （動） | to order |
| 16. 烤鴨（烤鸭） | kǎoyā | （名） | roast duck |
| 烤 | kǎo | （動） | to roast |
| 17. 酸辣湯（酸辣汤） | suānlàtāng | （名） | sour and hot soup |
| 18. 酸 | suān | （形） | sour |
| 19. 辣 | là | （形） | hot; spicy |
| 20. 魚香肉絲（鱼香肉丝） | yúxiāng ròusī | | shredded pork Sichuan style |
| 香 | xiāng | （形） | fragrant |

| | | | |
|---|---|---|---|
| 絲（丝） | sī | （名） | shredded meat |
| 21. 味道 | wèidao | （名） | flavour; taste |
| 22. 瓶 | píng | （名、量） | bottle (m. w) |
| 23. 啤酒 | píjiǔ | （名） | beer |
| 24. 杯 | bēi | （名、量） | cup (m. w) |
| 25. 咖啡 | kāfēi | （名） | coffee |
| 26. 水果 | shuǐguǒ | （名） | fruit |
| 水 | shuǐ | （名） | water |
| 果 | guǒ | （名） | fruit |
| 27. 香蕉 | xiāngjiāo | （名） | banana |
| 28. 蘋果（苹果） | píngguǒ | （名） | apple |
| 29. 橘子（桔子） | júzi | （名） | orange |
| 30. 等 | děng | | wait |
| 31. 一下 | yíxià | （量） | one time; once |

# 第十六課　中餐館

## 課　文

歐文：多雷，你餓不餓？
多雷：有點兒餓了。
歐文：那就進飯店吧。
多雷：這兒是西餐館還是中餐館？
歐文：這個飯店很有名，是中餐館。
多雷：東方人請客，總是要很多菜。我們是西方人，就不必了。
歐文：今天我請客，你多要幾個菜。
多雷：吃得太飽，就不舒服，兩盤菜，一碗湯就够了，再多就吃不完了。
歐文：三盤菜，一碗湯，吃得完。這兒的菜够便宜的。這是菜單，快點菜。
多雷：一盤烤鴨，一碗酸辣湯。
歐文：烤鴨是中國的名菜，酸辣湯有點兒酸，有點兒辣，太好了。
多雷：現在你來點菜吧。
歐文：再要一盤魚香肉絲，一盤蛋，好不好？
多雷：魚香肉絲是魚還是肉？
歐文：肉絲當然是肉，可是又有魚的味道。
多雷：那太好了。
歐文：服務員，我們點菜：一盤烤鴨，一盤魚香肉絲，一盤蛋，一碗酸辣湯。
服務員：好的，要喝點兒什麼？
歐文：要一瓶啤酒。
多雷：不，要兩杯咖啡吧。
歐文：行。
服務員：水果呢？香蕉、蘋果，還是橘子？
多雷：要四個橘子。
服務員：好的，請等一下。

# 中餐馆　第十六课

## 课　文

欧文：多雷，你饿不饿？
多雷：有点儿饿了。
欧文：那就进饭店吧。
多雷：这儿是西餐馆还是中餐馆？
欧文：这个饭店很有名，是中餐馆。
多雷：东方人请客，总是要很多菜。我们是西方人，就不必了。
欧文：今天我请客，你多要几个菜。
多雷：吃得太饱，就不舒服，两盘菜，一碗汤就够了，再多就吃不完了。
欧文：三盘菜，一碗汤，吃得完。这儿的菜够便宜的。这是菜单，快点菜。
多雷：一盘烤鸭，一碗酸辣汤。
欧文：烤鸭是中国的名菜，酸辣汤有点儿酸，有点儿辣，太好了。
多雷：现在你来点菜吧。
欧文：再要一盘鱼香肉丝，一盘蛋，好不好？
多雷：鱼香肉丝是鱼还是肉？
欧文：肉丝当然是肉，可是又有鱼的味道。
多雷：那太好了。
欧文：服务员，我们点菜：一盘烤鸭，一盘鱼香肉丝，一盘蛋，一碗酸辣汤。
服务员：好的，要喝点儿什么？
欧文：要一瓶啤酒。
多雷：不，要两杯咖啡吧。
欧文：行。
服务员：水果呢？香蕉、苹果，还是桔子？
多雷：要四个桔子。
服务员：好的，请等一下。

## 第十七課 Lesson 17　約　會

### Making An appointment

### 生詞 New words

| | | | |
|---|---|---|---|
| 1. 約會（约会） | yuēhuì | （名） | date; appointment |
| 約（约） | yuē | （動） | to arrange, to make |
| 會（会） | huì | （名） | appointment |
| 2. 最近 | zuìjìn | （名） | recently |
| 3. 高興（高兴） | gāoxìng | （形） | happy |
| 4. 一定 | yídìng | （副） | certainly |
| 5. 小姐 | xiǎojie | （名） | miss |
| 6. 係（系） | xì | （名） | department |
| 7. 美 | měi | （形） | beautiful |
| 8. 個子（个子） | gèzi | （名） | height |
| 9. 雙（双） | shuāng | （量） | measure word |
| 10. 眼睛 | yǎnjing | （名） | eye |
| 11. 對（对） | duì | （量） | m. w |
| 12. 回答 | huídá | （動） | to answer |
| 13. 剛（刚） | gāng | （副） | just how |
| 14. 吻 | wěn | （動） | to kiss |
| 15. 見面（见面） | jiàn miàn | | meet; see |
| 面 | miàn | （名） | face |
| 16. 别 | bié | （副） | do not |
| 17. 客氣（客气） | kèqi | （形） | polite; modest |
| 18. 場（场） | chǎng | （量） | m. w |
| 19. 足球 | zúqiú | （名） | football |
| 足 | zú | （名） | foot |
| 球 | qiú | （名） | ball |
| 20. 比賽（比赛） | bǐsài | （動、名） | to compete; match |

| | | | |
|---|---|---|---|
| 21. 不但 | búdàn | （連） | not only... |
| 22. 踢足球 | tī zúqiú | | play football |
| 23. 而且 | érqiě | （連） | ... but also |
| 24. 打網球（打网球） | dǎ wǎngqiú | | play tennis |
| 25. 體育（体育） | tǐyù | （名） | sports |
| 26. 唱歌 | chàng gē | | sing a song |
| 27. 跳舞 | tiào wǔ | | dance |
| 28. 電影（电影） | diànyǐng | （名） | film |
| 29. 有意思 | yǒu yìsi | | interesting |
| 30. 一日不見如三秋 | yí rì bú jiàn rú sān qīu | | one day apart seems like three years |
| 31. 問（问） | wèn | | to ask |

## 專名 Proper Names

| | | |
|---|---|---|
| 白玫瑰 | Bái Méigui | White Rose |

# 第十七课　　約　　會

## 課　文

歐文：多雷，你最近為什麼這麼高興？
多雷：我認識了一位新朋友。
歐文：那一定是一位小姐。
多雷：是的，她叫白玫瑰，法語係的學生。
歐文：白玫瑰？玫瑰是花，她也一定像花那麼美。
多雷：那當然，個子高高的，一雙眼睛大大的。
歐文：你看見她，對她說什麼？
多雷：我對她說："我愛你！"
歐文：她怎麼回答？
多雷：她說："我們剛認識，要說喜歡，不說愛。"
歐文：對，要說喜歡，不說愛。你没吻她吧？
多雷：没有，我們剛認識，她一定不習慣。
歐文：對，剛認識，你跟她見面，不能吻她，東方西方不一樣。
多雷：你媽是中國人，你比我懂得多。

# 约　会　第十七课

## 课　文

欧文：多雷，你最近为什么这么高兴？

多雷：我认识了一位新朋友。

欧文：那一定是一位小姐。

多雷：是的，她叫白玫瑰，法语系的学生。

欧文：白玫瑰？玫瑰是花，她也一定像花那么美。

多雷：那当然，个子高高的，一双眼睛大大的。

欧文：你看见她，对她说什么？

多雷：我对她说："我爱你！"

欧文：她怎么回答？

多雷：她说："我们刚认识，要说喜欢，不说爱。"

欧文：对，要说喜欢，不说爱。你没吻她吧？

多雷：没有，我们刚认识，她一定不习惯。

欧文：对，刚认识，你跟她见面，不能吻她，东方西方不一样。

多雷：你妈是中国人，你比我懂得多。

歐文：别客氣。下午你到哪兒去了?

多雷：我跟她去看了一場足球比賽。

歐文：你們法國人不但喜歡踢足球，而且喜歡打網球，對不對?

多雷：對，我們法國人很喜歡體育，你們呢?

歐文：我們也喜歡體育，可是更喜歡唱歌、跳舞、看電影。

多雷：我還很喜歡音樂。明晚我跟她一起去音樂廳聽音樂。

歐文：天天有約會，真有意思。

多雷：真有意思?

歐文：一日不見如三秋嘛。

多雷：什麽意思?

歐文：去問白小姐吧!

欧文：别客气。下午你到哪儿去了？

多雷：我跟她去看了一场足球比赛。

欧文：你们法国人不但喜欢踢足球，而且喜欢打网球，对不对？

多雷：对，我们法国人很喜欢体育，你们呢？

欧文：我们也喜欢体育，可是更喜欢唱歌、跳舞、看电影。

多雷：我还很喜欢音乐。明晚我跟她一起去音乐厅听音乐。

欧文：天天有约会，真有意思。

多雷：真有意思？

欧文：一日不见如三秋嘛。

多雷：什么意思？

欧文：去问白小姐吧！

# 第十八課 Lesson 18 看書展

## Going To the Art Exhibition

### 生詞 New words

| | | | |
|---|---|---|---|
| 1. 畫展（画展） | huàzhǎn | （名） | art exhibition |
| 2. 進去（进去） | jìnqù | | go in |
| 3. 非常 | fēicháng | （副） | very |
| 4. 現代（现代） | xiàndài | （名） | modern times |
| 5. 畫家（画家） | huàjiā | （名） | artist |
| 家 | jiā | （尾） | suffix |
| 6. 大家 | dājiā | （名） | everyone |
| 7. 知道 | zhìdào | （動） | to know |
| 8. 畫畫兒（画画儿） | huà huàr | | draw a picture |
| 9. 别人 | biéren | （代） | other people |
| 10. 看不起 | kàn bu qǐ | | look down upon |
| 11. 馬上（马上） | mǎshàng | （副） | at once immediately |
| 12. 出去 | chūqù | | go out |
| 13. 過來（过来） | guòlái | | come over |
| 14. 開玩笑（开玩笑） | kāi wánxiào | | make fun of |
| 15. 進來（进来） | jìnlái | | come in |
| 16. 介紹（介绍） | jièshào | （動） | to introduce |
| 17. 牆（墙） | qiáng | （名） | wall |
| 18. 挂（挂） | guà | （動） | to hang |
| 19. 樹（树） | shù | （名） | tree |
| 20. 草 | cǎo | （名） | grass |
| 21. 鷄（鸡） | jī | （名） | chicken |
| 22. 山 | shān | （名） | hill |
| 23. 江 | jiāng | （名） | river |
| 24. 河 | hé | （名） | river |

25. 湖 hú （名） lake
26. 馬（马） mǎ （名） horse
27. 跑 pǎo （動） to run
28. 國畫（国画） guóhuà （名） traditional Chinese painting
29. 油畫（油画） yóuhuà （名） oil painting
30. 過去（过去） guòqù go over
31. 笨蛋 bèndàn （名） fool；idiot
32. 回去 huíqù go back
33. 地 de （助） structural particle

## 專名 Proper Names

1. 齊白石（齐白石） Qí Báishí personal name
2. 徐悲鴻（徐悲鸿） Xú Bēihóng personal name
3. 張大千（张大千） Zhāng Dàqiān personal name

# 第十八課　看畫展

## 課　文

白玫瑰：多雷，快進去，今天看畫展的人非常多。

多　雷：玫瑰，我問你，齊白石、徐悲鴻、張大千，他們的畫都很有名嗎？

白玫瑰：那當然，他們三個人都是中國現代非常有名的畫家，大家都知道，你不知道嗎？

多　雷：對，我不清楚，你非常喜歡畫畫，對嗎？

白玫瑰：雖然我很喜歡看畫展，可是我不會畫畫兒。

多　雷：你真的不會畫畫兒嗎？別人會，你不會，我看不起你。

白玫瑰：你真的看不起我嗎？我馬上出去。

多　雷：快過來，別生氣，我是開玩笑嘛。進來了，就別出去，快給我介紹介紹吧。

# 看画展 第十八课

## 课 文

白玫瑰：多雷，快进去，今天看画展的人非常多。

多 雷：玫瑰，我问你，齐白石、徐悲鸿、张大千，他们的画都很有名吗？

白玫瑰：那当然，他们三个人都是中国现代非常有名的画家，大家都知道，你不知道吗？

多 雷：对，我不清楚，你非常喜欢画画，对吗？

白玫瑰：虽然我很喜欢看画展，可是我不会画画儿。

多 雷：你真的不会画画儿吗？别人会，你不会，我看不起你。

白玫瑰：你真的看不起我吗？我马上出去。

多 雷：快过来，别生气，我是开玩笑嘛。进来了，就别出去，快给我介绍介绍吧。

白玫瑰：你看，齊白石的畫在牆上掛着呢。
多　雷：這些花呀，樹呀，草呀，鷄呀都像真的一樣。
白玫瑰：還有張大千畫的山呀，江呀，河呀，湖呀，也都像真的一樣。
多　雷：徐悲鴻的畫在哪兒？
白玫瑰：你看，那馬跑着，跳着，就是他畫的，這些都是國畫。
多　雷：那麽油畫呢？
白玫瑰：在那兒呢，我們過去看看。
多　雷：國畫、油畫，我都不懂。
白玫瑰：你是笨蛋！
多　雷：笨蛋是什麽？是很笨的蛋嗎？為什麽我是蛋？
白玫瑰：别再問了，回去慢慢地對你説。

白玫瑰：你看，齐白石的画在墙上挂着呢。

多　雷：这些花呀，树呀，草呀，鸡呀都像真的一样。

白玫瑰：还有张大千画的山呀，江呀，河呀，湖呀，也都像真的一样。

多　雷：徐悲鸿的画在哪儿？

白玫瑰：你看，那马跑着，跳着，就是他画的，这些都是国画。

多　雷：那么油画呢？

白玫瑰：在那儿呢，我们过去看看。

多　雷：国画、油画，我都不懂。

白玫瑰：你是笨蛋！

多　雷：笨蛋是什么？是很笨的蛋吗？为什么我是蛋？

白玫瑰：别再问了，回去慢慢地对你说。

## 第十九课 Lesson 19 下車以后

# After Getting Off the Bus

### 生詞 New words

| | | | |
|---|---|---|---|
| 1. 武術（武术） | wǔshù | （名） | mactial art |
| 2. 表演 | biǎoyǎn | （動、名） | to perform<br>performance |
| 3. 極（极） | jí | （副） | extremely |
| 4. 打過來（打过来） | dǎ guòlái | | practise against each other |
| 5. 動作（动作） | dòngzuò | （名） | movement |
| 6. 太極拳（太极拳） | tàijíquán | （名） | Chinese boxing |
| 7. 精彩 | jīngcǎi | （形） | excellent; brilliant |
| 8. 遇到 | yùdào | | run into |
| 9. 事情 | shìqing | （名） | thing; affair |
| 10. 停 | tíng | （動） | to stop |
| 11. 發現（发现） | fāxiàn | （動） | to discover |
| 12. 地 | dì | （名） | ground |
| 13. 包 | bāo | （名） | bag |
| 14. 拾 | shí | （動） | to pick up |
| 15. 起來（起来） | qǐlái | | to move upward |
| 16. 打開（打开） | dǎkāi | | open it |
| 開（开） | kāi | （動） | to open |
| 17. 方向 | fāngxiàng | （名） | direction |
| 18. 騎（骑） | qí | （動） | to ride |
| 19. 自行車（自行车） | zìxíngchē | （名） | bicycle |
| 自 | zì | （名） | self |
| 行 | xíng | （動） | to run |
| 20. 掉 | diào | （動） | to drop |
| 21. 正好 | zhènghǎo | （形） | right |

| | | | |
|---|---|---|---|
| 22. 還（还） | huán | （動） | to return |
| 23. 老外 | lǎowài | （名） | foreigner |
| 24. 向 | xiàng | （介） | from |
| 25. 告訴（告诉） | gàoshù | （動） | to tell |
| 26. 咱們（咱们） | zánmen | （代） | we, us |
| 27. 倆（俩） | liǎ | （数） | two |
| 28. 軍人（军人） | jūnrén | （名） | army man |
| 29. 做好事 | zuò hǎoshì | | do good deeds |
| 30. 所以 | suǒyǐ | （連） | so; therefore |
| 31. 年紀（年纪） | niánjì | （名） | age |
| 32. 年輕（年轻） | niánqīng | （形） | young |

## 專名 Proper Names

| | | |
|---|---|---|
| 雷鋒（雷锋） | Léi Fēng | personal name |

# 第十九課　　下車以后

## 課　文

歐文：多雷，你回來了？今天的武術表演怎麽樣？

多雷：好看極了。

歐文：怎麽好看？介紹一下吧。

多雷：一共有十六個人，他們打過來，打過去，動作快得很。

歐文：有没有太極拳表演？

多雷：當然有，動作慢得很。

歐文：那一定精彩極了，你没去别的地方嗎？

多雷：没有，我下車的時候，遇到了一件事情。

歐文：什麽事兒？

多雷：車子停下來，我下了車。我發現前邊地上有一個包。我馬上跑過去拾起來。打開來一看，裏邊有一千塊錢。這時候，我去的方向跑過來一個人，説包是他的，是騎自行車的時候掉下來的。我問他包裏有多少錢。他説有一千塊錢。正好，我就還給了他。

歐文：他没説什麽？

多雷：他拿到錢非常高興，要給我一百塊。我不要。這時候有人説，老外也學雷鋒，要向老外學習。我聽不懂，請你告訴我，這是什麽意思。

歐文：老外就是外國人，咱們倆都是老外。雷鋒是一位好軍人，他常常做好事。因為今天你也做了好事，所以大家要向你學習。

多雷：向我學習？真太有意思了。

歐文：那個人年紀大嗎？

多雷：年紀不大，跟我們一樣，很年輕。

# 第十九课　下车以后

## 课　文

欧文：多雷，你回来了？今天的武术表演怎么样？

多雷：好看极了。

欧文：怎么好看？介绍一下吧。

多雷：一共有十六个人，他们打过来，打过去，动作快得很。

欧文：有没有太极拳表演？

多雷：当然有，动作慢得很。

欧文：那一定精彩极了，你没去别的地方吗？

多雷：没有，我下车的时候，遇到了一件事情。

欧文：什么事儿？

多雷：车子停下来，我下了车。我发现前边地上有一个包。我马上跑过去拾起来。打开来一看，里边有一千块钱。这时候，我去的方向跑过来一个人，说包是他的，是骑自行车的时候掉下来的。我问他包里有多少钱。他说有一千块钱。正好，我就还给了他。

欧文：他没说什么？

多雷：他拿到钱非常高兴，要给我一百块。我不要。这时候有人说，老外也学雷锋，要向老外学习。我听不懂，请你告诉我，这是什么意思。

欧文：老外就是外国人，咱们俩都是老外。雷锋是一位好军人，他常常做好事。因为今天你也做了好事，所以大家要向你学习。

多雷：向我学习？真太有意思了。

欧文：那个人年纪大吗？

多雷：年纪不大，跟我们一样，很年轻。

## 第二十課 Lesson 20 打電話（二）

### Making a Phonecall

### 生词 New words

| | | | |
|---|---|---|---|
| 1. 時間（时间） | shíjiān | （名） | time |
| 2. 纔（才） | cái | （副） | just；only |
| 3. 急死 | jísǐ | | extremely anxious |
| 4. 過（过） | guò | （助） | aspect particle |
| 5. 不過（不过） | búguò | （連） | but |
| 6. 成績（成绩） | chéngji | （名） | result achievement |
| 7. 除了……還……（除了……还……） | chúle……hái | | besides；in addition to |
| 8. 参加（参加） | cānjiā | （動） | to participate |
| 9. 活動（活动） | huódòng | （動、名） | activity |
| 10. 参觀（参观） | cānguān | （動） | to visit |
| 11. 工廠（工厂） | gōngchǎng | （名） | factory |
| 12. 農村（农村） | nóngcūn | （名） | countryside |
| 13. 工人 | gōngrén | （名） | worker |
| 14. 農民（农民） | nóngmín | （名） | peasant |
| 15. 京劇（京剧） | jīngjù | （名） | Beijing Opera |
| 劇（剧） | jù | （名） | opera |
| 16. 燈（灯） | dēng | （名） | light |
| 17. 亮 | liàng | （形、動） | bright；to shine |
| 18. 熊猫 | xióngmāo | （名） | panda |
| 19. 動物（动物） | dòngwù | （名） | animal |
| 20. 可爱（可爱） | kě'ài | （形） | lovely |
| 21. 辦公室（办公室） | bàngōngshì | （名） | office |
| 22. 牛奶 | niúnǎi | （名） | milk |
| 23. 麵包（面包） | miànbāo | （名） | bread |

| | | | |
|---|---|---|---|
| 24. 擦 | cā | （動） | to clean |
| 25. 用 | yòng | （動） | to use |
| 26. 刀 | dāo | | （名）knife |
| 27. 叉 | chā | （名） | fork |
| 28. 筷子 | kuàizi | （名） | chopstick |
| 29. 隻（只） | zhī | （量） | measure word |
| 30. 半 | bàn | （數） | half |
| 31. 對了（对了） | duìle | | by the way |
| 32. 猫 | māo | （名） | cat |
| 33. 狗 | gǒu | （名） | dog |
| 34. 死 | sǐ | （動） | to die; to be dead |
| 35. 活 | huó | （動） | to be alive |

## 專名 Proper Names

| | | |
|---|---|---|
| 南京路 | Nánjīng Lù | Nanjing Road |

# 第二十課　打電話（二）

## 課　文

媽媽：喂，你是歐文嗎？我是你媽呀，怎麼這麼長時間才來電話，我急死了。

歐文：媽，上次你説過，我的老朋友是醫生，你是一百個放心。

媽媽：我是一百個放心，不過媽想你呀。你都好嗎？每天起得早嗎？睡得晚嗎？學習成績怎麼樣？除了學習，還參加過什麼活動？你參觀過工廠和農村嗎？工人和農民的生活好嗎？你看過京劇嗎？京劇好看嗎？你吃過烤鴨嗎？烤鴨好吃嗎？

歐文：媽，我參觀過工廠和農村，我看過京劇，我吃過烤鴨。還有南京路我去過好多次了。那兒晚上燈很多很多，亮極了，好看極了。我還看過熊猫表演。熊猫這動物真可愛，坐在辦公室裏，喝牛奶，吃麵包，洗杯子，擦桌子，還會用刀叉。筷子？那天没有筷子。那隻熊猫表演了半個小時，太有意思了。對了，我們家里的猫和狗怎麼樣？

媽媽：那隻狗，狗……

歐文：狗怎麼了？是不是死了？

媽媽：不，狗還活着，他跑了。

歐文：跑了？

媽媽：後來又跑回來了。

# 第二十课　打电话（二）

**课　文**

妈妈：喂，你是欧文吗？我是你妈呀，怎么这么长时间才来电话，我急死了。

欧文：妈，上次你说过，我的老朋友是医生，你是一百个放心。

妈妈：我是一百个放心，不过妈想你呀。你都好吗？每天起得早吗？睡得晚吗？学习成绩怎么样？除了学习，还参加过什么活动？你参观过工厂和农村吗？工人和农民的生活好吗？你看过京剧吗？京剧好看吗？你吃过烤鸭吗？烤鸭好吃吗？

欧文：妈，我参观过工厂和农村，我看过京剧，我吃过烤鸭。还有南京路我去过好多次了。那儿晚上灯很多很多，亮极了，好看极了。我还看过熊猫表演。熊猫这动物真可爱，坐在办公室里，喝牛奶，吃面包，洗杯子，擦桌子，还会用刀叉。筷子？那天没有筷子。那只熊猫表演了半个小时，太有意思了。对了，我们家里的猫和狗怎么样？

妈妈：那只狗，狗……

欧文：狗怎么了？是不是死了？

妈妈：不，狗还活着，他跑了。

欧文：跑了？

妈妈：后来又跑回来了。

# 第二十一课 Lesson 21 星期天

## On Sunday

### 生词 New words

| | | | |
|---|---|---|---|
| 1. 太陽（太阳） | tàiyáng | （名） | sun |
| 2. 風（风） | fēng | （名） | wind |
| 3. 打算 | dǎsuàn | （動、名） | to plan/intention |
| 4. 先 | xiān | （副） | first |
| 5. 把 | bǎ | （介） | prep |
| 6. 作業（作业） | zuòyè | （名） | homework |
| 7. 念 | niàn | （動） | to read |
| 8. 熟 | shú | （形） | familiar |
| 9. 然後（然后） | ránhòu | （副） | then |
| 10. 洗澡 | xǐzǎo | | have a bath |
| 11. 换 | huàn | （動） | to change |
| 12. 最後（最后） | zuìhòu | （名） | last |
| 13. 送 | sòng | （動） | to send |
| 14. 關心（关心） | guānxīn | （動） | to show concern |
| 15. 帶（带） | dài | （動） | to bring |
| 16. 份 | fèn | （量） | measure word |
| 17. 公斤 | gōngjīn | （量） | kilogram |
| 公 | gōng | （形） | metric |
| 18. 整理 | zhěnglǐ | （動） | to tidy up |
| 19. 收拾 | shōushí | （動） | to clean |
| 20. 關（关） | guān | （動） | to close |
| 21. 窗 | chuāng | （名） | |
| 22. 收音機（收音机） | shōuyīnjī | （名） | radio |
| 23. 放（音樂）［放（音乐）］ | fàng（yīnyuè） | （動） | play the music |
| 24. 聲音（声音） | shēngyīn | （名） | sound |

| | | | |
|---|---|---|---|
| 25. 影響（影响） | yǐngxiǎng | （動） | to affect；to influence |
| 26. 除了……都…… | chúle……dōu | | except |
| 27. 幫助（帮助） | bāngzhù | （動） | to help |
| 28. 認為（认为） | rènwéi | （動） | to think |
| 29. 輸（输） | shū | （動） | to lose |
| 30. 贏 | yíng | （動） | to win |
| 31. 同意 | tóngyì | （動） | to agree |
| 32. 辦法（办法） | bànfǎ | （名） | way；means |
| 33. 錶（表） | biǎo | （名） | watch |
| 34. 應該（应该） | yīnggāi | （助動） | should；ought to |
| 35. 開始（开始） | kāishǐ | （動、名） | to begin；beginning |

**專名 proper Names**

| | | |
|---|---|---|
| 人民日報（人民日报） | Rénmén Rìbào | People's Daily |

# 第二十一課　星期天

## 課　文

歐文：今天太陽很好，又没有風，天氣不錯。多雷，你打算做什麽？

多雷：要做的事情多得很呢。我先把作業做完，把課文念熟，然後洗個澡，把换下的衣服洗乾净，最後把照片給女朋友送去。

歐文：女朋友，女朋友，你只關心女朋友，你説要給父親寫信，信寫好了没有？

多雷：信已經寫完了。對了，我還要把信寄走，再帶回一份《人民日報》和一公斤水果。那麽你打算做什麽？

歐文：我先把書整理整理，把地圖掛在牆上，然後把房間收拾收拾。收拾好了，再把門關上，把窗關上，把收音機打開，一個人聽聽音樂。

多雷：為什麽要把門關上，把窗關上？

歐文：這樣放音樂的時候，聲音小，就不會影響别人了。

多雷：我除了關心女朋友，别的人我都不關心。可是你非常關心别人，常做好事，幫助我收拾房間，我認為你就是雷鋒。

歐文：你再説，我可要打你了。

多雷：你跟我打？好，我們比賽一下，看誰輸誰赢，你同意嗎？

歐文：對你真没辦法。我問你，現在你的錶幾點了？

多雷：八點半了，我應該開始做作業了。

歐文：對，我也該開始整理我的書了。

# 星期天　　第二十一课

## 课　文

欧文：今天太阳很好，又没有风，天气不错。多雷，你打算做什么？

多雷：要做的事情多得很呢。我先把作业做完，把课文念熟，然后洗个澡，把换下的衣服洗干净，最后把照片给女朋友送去。

欧文：女朋友，女朋友，你只关心女朋友，你说要给父亲写信，信写好了没有？

多雷：信已经写完了。对了，我还要把信寄走，再带回一份《人民日报》和一公斤水果。那么你打算做什么？

欧文：我先把书整理整理，把地图挂在墙上，然后把房间收拾收拾。收拾好了，再把门关上，把窗关上，把收音机打开，一个人听听音乐。

多雷：为什么把门关上，把窗关上？

欧文：这样放音乐的时候，声音小，就不会影响别人了。

多雷：我除了关心女朋友，别的人我都不关心。可是你非常关心别人，常做好事，帮助我收拾房间，我认为你就是雷锋。

欧文：你再说，我可要打你了。

多雷：你跟我打？好，我们比赛一下，看谁输谁赢，你同意吗？

欧文：对你真没办法。我问你，现在你的表几点了？

多雷：八点半了，我应该开始做作业了。

欧文：对，我也该开始整理我的书了。

## 第二十二課 Lesson 22 過 年

### Celebrating the New Year

### 生词 New words

| | | | |
|---|---|---|---|
| 1. 過年（过年） | guò nián | | celebrate the New Year |
| 2. 禮物（礼物） | lǐwù | （名） | gift; present |
| 禮（礼） | lǐ | （名） | gift |
| 物 | wù | （名） | thing |
| 3. 節日（节日） | jiérì | （名） | holiday; festival |
| 4. 教 | jiāo | （動） | to teach |
| 5. 太太 | tàitai | （名） | Mrs; madame |
| 6. 聊聊 | liáoliao | （動） | to chat |
| 7. 熱鬧（热闹） | rènao | （形、動） | busy; lively; to liver up |
| 8. 貼春聯（贴春联） | tiē chūnlián | | paste Spring Festival couplets |
| 貼（贴） | tiē | （動） | to paste |
| 9. 放煙火（放烟火） | fàng yānhuǒ | | set off fireworks |
| 10. 舞龍燈（舞龙灯） | wǔ lóngdēng | | perform a dragon lantern dance |
| 11. 福 | fú | （名） | happiness; good fortune |
| 12. 被 | bèi | （介） | pre; by |
| 13. 倒 | dào | （動） | to turn upside down |
| 14. 乾杯（干杯） | gān bēi | | to toast; cheers |
| 15. 祝 | zhù | （動） | to wish |
| 16. 健康 | jiànkāng | （名、形） | health; healthy; in good health |
| 17. 進步（进步） | jìnbù | （形、動） | progressive |
| 步 | bù | （名） | step to progress |
| 18. 快樂（快乐） | kuàilè | （形） | happy; merry |
| 19. 碎 | suì | （形） | broken |
| 20. 平安 | píng'ān | （形） | safe |
| 21. 如果……就…… | rúguǒ……jiù | | if . . . then. . . |

| | | | |
|---|---|---|---|
| 22. 拿手菜 | náshǒucài | （名） | dish one' s good at |
| 23. 相信 | xiāngxìn | （動） | to believe |
| 24. 嚐（尝） | cháng | （動） | to taste |
| 25. 餃子（饺子） | jiǎozi | （名） | dumpling |
| 26. 旅行 | lǚxíng | （動） | to travel |
| 27. 船 | chuán | （名） | ship |
| 28. 火車（火车） | huǒchē | （名） | train |
| 29. 飛機（飞机） | fēijī | （名） | airplane |
| 30. 票 | piào | （名） | ticket |
| 31. 旅途 | lǚtú | （名） | journey；trip |
| 途 | tú | （名） | way |
| 32. 愉快 | yúkuài | （形） | happy；joyful |
| 33. 一路平安 | yílù píng'ān | | have a nice trip |

## 專名 propen Names

| | | |
|---|---|---|
| 香港 | Xiānggǎng | HongKong |

# 第二十二課　過　年

## 課　文

(歐文敲門)

丁大夫：誰呀？

歐　文：是我，歐文。

丁大夫：請進！你好！裏邊坐。

歐　文：丁大夫，這是送給您的酒，是名酒。

丁大夫：是老朋友，還帶禮物？你太客氣了。

歐　文：是節日嘛，當然要送禮。

丁大夫：這一定是你媽教你的。快坐。孩子們在看電視，我太太在做飯。我們先聊聊。喝茶還是喝咖啡？

歐　文：喝茶吧。

丁大夫：中國人過年跟美國人不一樣吧？

歐　文：比美國熱鬧多了。貼春聯，放烟火，舞龍燈，真有意思。對了，那門上是什麼字？

丁大夫：那是一個"福"字呀。

歐　文："福"字被人貼倒了，誰貼的？

丁大夫：就是嘛。福"倒"了，就是"福到了"，"福來了"的意思。

歐　文：福到了，福來了，真有意思。

丁太太：吃飯了，大家快過來坐。

老　大：歐文，你好！

老　二：歐文哥，你坐。

老　三：歐文哥，你坐這兒。

丁太太：好，現在就乾杯！

歐　文：祝丁先生、丁太太身體健康！

丁大夫：祝你們學習進步！

孩子們：祝新年快樂！

# 过　年　　第二十二课

## 课　文

(欧文敲门)

丁大夫：谁呀？

欧　文：是我，欧文。

丁大夫：请进！你好！里边坐。

欧　文：丁大夫，这是送给您的酒，是名酒。

丁大夫：是老朋友，还带礼物？你太客气了。

欧　文：是节日嘛，当然要送礼。

丁大夫：这一定是你妈教你的。快坐。孩子们在看电视，我太太在做饭。我们先聊聊。喝茶还是喝咖啡？

欧　文：喝茶吧。

丁大夫：中国人过年跟美国人不一样吧？

欧　文：比美国热闹多了。贴春联，放烟火，舞龙灯，真有意思。对了，那门上是什么字？

丁大夫：那是一个"福"字呀。

欧　文："福"字被人贴倒了，谁贴的？

丁大夫：就是嘛。福"倒"了，就是"福到了"，"福来了"的意思。

欧　文：福到了，福来了，真有意思。

丁太太：吃饭了，大家快过来坐。

老　大：欧文，你好！

老　二：欧文哥，你坐。

老　三：欧文哥，你坐这儿。

丁太太：好，现在就干杯！

欧　文：祝丁先生、丁太太身体健康！

丁大夫：祝你们学习进步！

孩子们：祝新年快乐！

歐　文：喲，對不起，杯子被我打碎了。
丁大夫：碎了好，碎了好，碎碎（歲歲）平安。
歐　文：碎碎平安？碎了怎麼會平安呢？
丁大夫：碎和歲發音一樣，歲歲就是年年，每年的意思。
歐　文：現在我懂了，福到了，歲歲平安！
丁太太：菜做得不好，歐文，快吃吧！
歐　文：為什麼説做得不好？如果不好吃，我就不吃了。
老　大：歐文，中國人請客都這麼説。這是我做的拿手菜，很好吃，如果你不相信，就嘗嘗。
歐　文：是很好吃，是很好吃。
老　二：還有這餃子，味道怎麼樣？
歐　文：味道好極了。
老　三：歐文哥，過了年，你還想去哪兒？
歐　文：我想去香港旅行。
老　大：坐船、坐火車，還是坐飛機？
歐　文：聽説火車票、飛機票都很難買？
丁大夫：還是坐船好，又便宜，又舒服。
歐　文：那就坐船吧。
老　大：祝旅途愉快！
老　二：祝一路平安！
老　三：祝一路平安！
歐　文：謝謝大家！

欧　文：哟，对不起，杯子被我打碎了。

丁大夫：碎了好，碎了好，碎碎（岁岁）平安。

欧　文：碎碎平安？碎了怎么会平安呢？

丁大夫：碎和岁发音一样，岁岁就是年年，每年的意思。

欧　文：现在我懂了，福到了，岁岁平安！

丁太太：菜做得不好，欧文，快吃吧！

欧　文：为什么说做得不好？如果不好吃，我就不吃了

老　大：欧文，中国人请客都这么说。这是我做的拿手菜，很好吃，如果你不相信，就尝尝。

欧　文：是很好吃，是很好吃。

老　二：还有这饺子，味道怎么样？

欧　文：味道好极了。

老　三：欧文哥，过了年，你还想去哪儿？

欧　文：我想去香港旅行。

老　大：坐船、坐火车，还是坐飞机？

欧　文：听说火车票、飞机票都很难买？

丁大夫：还是坐船好，又便宜，又舒服。

欧　文：那就坐船吧。

老　大：祝旅途愉快！

老　二：祝一路平安！

老　三：祝一路平安！

欧　文：谢谢大家！

# 詞匯總表（Vocabulary）

## A

| | | | | |
|---|---|---|---|---|
| 矮 | ǎi | （形） | （a.）short | 11 |
| 愛（爱） | ài | （動） | （v.）to love | 14 |

## B

| | | | | |
|---|---|---|---|---|
| 吧 | ba | （助） | （modal particle） | 5 |
| 八 | bā | （數） | （numeral）eight | 12 |
| 把 | bǎ | （量） | （measure word） | 14 |
| 把 | bǎ | （介） | （pre.） | 21 |
| 爸爸 | bàba | （名） | （n.）father，dad | 4 |
| 白 | bái | （形） | （a.）white | 6 |
| 百 | bǎi | （數） | （numeral）hundred | 6 |
| 班 | bān | （名、量） | （n. or measure word）class number of runs or flight | 3 |
| 半 | bàn | （數） | （numeral）half | 20 |
| 辦法（办法） | bànfǎ | （名） | （n.）way；means | 21 |
| 辦公室（办公室） | bàngōngshì | （名） | （n.）office | 20 |
| 幫助（帮助） | bāngzhù | （動） | （v.）to help | 21 |
| 包 | bāo | （名） | （n）bag | 19 |
| 飽（饱） | bǎo | （形） | （a.）full | 16 |
| 杯 | bēi | （名、量） | （n. measure word）cup | 13 |
| 北邊（北边） | běibiān | （名） | （n）north | 22 |
| 被 | bèi | （介） | （pre.）by | 22 |
| 本 | běn | （量） | （measure word） | 5 |
| 本子 | běnzi | （名） | （n）notebook | 5 |
| 笨 | bèn | （形） | （a）stupid；foolish | 12 |
| 笨蛋 | bèndàn | （名） | （n）fool；idiot | 18 |
| 筆（笔） | bǐ | （名、量） | （n. measure word）pen | 9 |
| 比 | bǐ | （介、動） | （pre. or v.）than；to compare | 13 |
| 比較（比较） | bǐjiào | （副） | （adv）relatively；rather | 15 |

| | | | | |
|---|---|---|---|---|
| 比賽 | bǐsài | (動、名) | (n. v) to compete; match | 17 |
| 錶(表) | biǎo | (名) | (n.) watch | 21 |
| 表演 | biǎoyǎn | (動、名) | (v. n) to perform; performance | 19 |
| 别 | bié | (副) | (adv) don't; not to | 17 |
| 别的 | biéde | (代) | (pro.) anything else; other | 9 |
| 别人 | biéren | (代) | (pro) other people | 18 |
| 病 | bìng | (名、動) | (n. v) illness to be sick | 11 |
| 不必 | búbì | (副) | (adv) need not | 14 |
| 不錯(不错) | búcuò | (形) | (a.) not bad; pretty good | 7 |
| 不但 | búdàn | (連) | (conj.) not only… | 17 |
| 不過(不过) | búguò | (連) | (conj.) but; however | 20 |
| 不 | bù | (副) | (adv.) not; no | 2 |
| 不同 | bùtóng | | different | 15 |

# C

| | | | | |
|---|---|---|---|---|
| 擦 | cā | (動) | (v.) to wipe | 20 |
| 纔(才) | cái | (副) | (adv.) just; only | 20 |
| 菜 | cài | (名) | (n.) dish | 2 |
| 菜單(菜单) | càidān | (名) | (n.) menu | 16 |
| 參觀(参观) | cānguān | (動) | (v.) to visit | 20 |
| 參加(参加) | cānjiā | (動) | (v.) to participate | 20 |
| 草 | cǎo | (名) | (n.) grass | 18 |
| 叉 | chā | (名) | (n.) fork | 20 |
| 茶 | chá | (名) | (n.) tea | 10 |
| 茶杯 | chábēi | (名) | (n.) tea cup | 10 |
| 茶館(茶馆) | cháguǎn | (名) | (n.) tea house | 10 |
| 差 | chà | (形) | (a.) bad; poor | 13 |
| 差不多 | chàbuduō | (形) | (a.) similar | 6 |
| 長(长) | cháng | (形) | (a.) long | 6 |
| 嘗(尝) | cháng | (動) | (v.) to taste | 12 |
| 常常 | chángcháng | (副) | (adv) often; usually | 12 |
| 場(场) | chǎng | (量、名) | (measure word. n.) place, field | 17 |
| 唱歌 | chàng gē | | to sing | 13 |
| 朝 | cháo | (介、動) | (pre. v) towards; to face | 13 |
| 成績(成绩) | chéngjì | (名) | (n.) result; achievement | 20 |
| 城市 | chéngshì | (名) | (n.) city | 15 |
| 吃 | chī | (動) | (v.) to eat | 2 |

| | | | | |
|---|---|---|---|---|
| 抽 | chōu | (動) | (v.) to smoke | 10 |
| 出去 | chūqù | | go out | 18 |
| 出租汽車(出租汽车) | chūzū qìchē | | taxi; cab | 15 |
| 厨房 | chúfáng | (名) | (n.) kitchen | 13 |
| 除了……還……(除了……还……) | chúle……hái | | besides; in addition to | 20 |
| 除了……都…… | chúle……dōu | | except for | 21 |
| 穿 | chuān | (動) | (v.) to weal; to put on | 6 |
| 船 | chuán | (名) | (n.) beat; ship | 22 |
| 窗 | chuāng | (名) | (n) window | 21 |
| 床 | chuáng | (名) | (n.) bed | 14 |
| 春天 | chūntiān | (名) | (n.) Spring | 15 |
| 詞典(词典) | cídiǎn | (名) | (n.) dictionary | 6 |
| 聰明(聪明) | cōngming | (形) | (a) clever | 12 |
| 從(从) | cóng | (介) | (pre.) from | 6 |
| 錯(错) | cuò | (形、名) | (a. n) wrong; fault | 9 |

## D

| | | | | |
|---|---|---|---|---|
| 打過来(打过来) | dǎ guòlái | | practise with each other | 19 |
| 打電話(打电话) | dǎ diànhuà | | to make a phone call | 12 |
| 打呼 | dǎ hū | | to snore | 8 |
| 打開(打开) | dǎkāi | | to open | 19 |
| 打算 | dǎsuàn | (動、名) | (v. n.) to plan/intention | 21 |
| 打網球(打网球) | dǎ wǎngqiú | | to play tennis | 17 |
| 大 | dà | (形) | (a.) large; big | 3 |
| 大家 | dàjiā | (代) | (pro.) everybody | 18 |
| 大學(大学) | dàxué | (名) | (n.) university | 3 |
| 大學生(大学生) | dàxuéshēng | (名) | (n.) university student | 3 |
| 大衣 | dàyī | (名) | (n.) overcoat | 6 |
| 帶(带) | dài | (動) | (v.) to buy; to take | 21 |
| 大夫 | dàifu | (名) | (n.) doctor | 11 |
| 蛋 | dàn | (名) | (n.) egg | |
| 當然(当然) | dāngrán | (形) | (a) sure; of course | 12 |
| 刀 | dāo | (量) | (measure word) | 9 |
| 刀 | dāo | (名) | (n) knife | 20 |
| 到 | dào | (動) | (v) up to, reach | 7 |
| 倒 | dào | (動) | (v) to turn upside down | 22 |
| 的 | de | (助) | (structural, particle) | 3 |

| | | | | |
|---|---|---|---|---|
| 地 | de | (助) | (structural, particle) | 18 |
| 得 | de | (助) | (structural, particle) | 7 |
| 燈(灯) | dēng | (名) | (n) light; lamp | 20 |
| 等 | děng | (動) | (v) to wait for | 16 |
| 第 | dì | (頭) | (prefix) used to form ordinal numbers | 1 |
| 地 | dì | (名) | (n) ground | 19 |
| 弟弟 | dìdi | (名) | (n) younger brother | 1 |
| 地方 | dìfang | (名) | (n) place; region | 15 |
| 地鐵(地铁) | dìtiě | (名) | (n) metro; subway | 15 |
| 地圖(地图) | dìtú | (名) | (n) map | 9 |
| 地址 | dìzhǐ | (名) | (n) address | 11 |
| 點(点) | diǎn | (量) | (measure word) o' clock; hour | 2 |
| 點菜(点菜) | diǎn cài | | to order dishes | 16 |
| 電話 (电话) | diànhuà | (名) | (n) telephone | 11 |
| 電腦(电脑) | diànnǎo | (名) | (n) computer | 13 |
| 電視(电视) | diànshì | (名) | (n) television; TV | 22 |
| 電視機(电视机) | diànshìjī | (名) | (n) TV | 13 |
| 電影(电影) | diànyǐng | (名) | (n) movie; film | 17 |
| 掉 | diào | (動) | (v.) to drop | 19 |
| 東邊(东边) | dōngbiān | (名) | (n) east | 13 |
| 東方(东方) | dōngfāng | (名) | (n) the Orient; the East | 16 |
| 東西(东西) | dōngxi | (名) | (n) things | 6 |
| 冬天 | dōngtiān | (名) | (n) winter | 13 |
| 懂 | dǒng | (動) | (v) to understand | 7 |
| 動物(动物) | dòngwù | (名) | (n) animal | 20 |
| 動作(动作) | bòngzuò | (名) | (n) movement | 19 |
| 都 | dōu | (副) | (adv.) all | 1 |
| 短 | duǎn | (形) | (a.) short | 6 |
| 對(对) | duì | (形) | (a) right | 7 |
| 對(对) | duì | (介) | (pre.) opposite | 17 |
| 對不起(对不起) | duì bu qǐ | | I' m sorry; pardon me | 9 |
| 對了(对了) | duìle | | by the way | 20 |
| 對面(对面) | duìmiàn | (名) | (n) opposite | |
| 多 | duō | (形) | (a) many; much | 3 |
| 多大 | duō dà | | how old | 11 |
| 多久 | duō jiǔ | | how long | 14 |
| 多少 | duōshao | (代) | how many/much | 3 |
| 多雲(多云) | duō yún | | cloudy | 15 |

## E

| | | | | |
|---|---|---|---|---|
| 餓（饿） | è | （形） | （a）hungry | 16 |
| 而且 | érqiě | （連） | （conj）but also | 17 |
| 兒子（儿子） | érzi | （名） | （n.）son | 11 |
| 二 | èr | （數） | （num.）two | 1 |

## F

| | | | | |
|---|---|---|---|---|
| 發現（发现） | fāxiàn | （名、動） | （n. v）discovery; to find | 19 |
| 發音（发音） | fāyīn | （名） | （n）pronunciation | 7 |
| 法語（法语） | Fǎyǔ | （名） | （n.）French | 8 |
| 飯（饭） | fàn | （名） | （n.）meal | 2 |
| 飯店（饭店） | fàndiàn | （名） | （n）restaurant | 4 |
| 方向 | fāngxiàng | （名） | （n）direction | 19 |
| 房間（房间） | fángjiān | （名） | （n）room | 13 |
| 房子 | fángzi | （名） | （n.）house | 13 |
| 房租 | fángzū | （名） | （n）rent（for a house）; flat | 13 |
| 放（音樂）［放（音乐）］ | fàng（yīnyuè） | | to play | 21 |
| 放心 | fàngxīn | | to set one's mind at rest | 11 |
| 放煙火（放烟火） | fàng yānhuǒ | | to set off fireworks | 22 |
| 非常 | fēicháng | （副） | （adv）very; highly | 19 |
| 飛機（飞机） | fēijī | （名） | （n）airplane | 22 |
| 分 | fēn | （量） | （measure word）minute | 6 |
| 分 | fēn | （量） | （measure word）unit of RMB minute | 7 |
| 分鐘（分钟） | fēnzhōng | （名） | （n）minute | 14 |
| 份 | fèn | （量） | （measure word） | 21 |
| 風（风） | fēng | （名） | （n）wind | 21 |
| 服務員（服务员） | fúwùyuán | （名） | （n）attendant; waiter | 10 |
| 福 | fú | （名） | （n）happiness; good fortune | 20 |
| 父親（父亲） | fùqīn | （名） | （n）father | 12 |

## G

| | | | | |
|---|---|---|---|---|
| 乾杯（干杯） | gān bēi | | cheers; to toast | 22 |
| 乾净（干净） | gānjìng | （形） | （a）clean | 13 |
| 感冒 | gǎnmào | （動、名） | （v. n）to catch a cold; cold | 11 |
| 剛（刚） | gāng | （副） | （adv）just now | 17 |

| | | | | |
|---|---|---|---|---|
| 鋼筆（钢笔） | gāngbǐ | （名） | （n）pen | 9 |
| 高 | gāo | （形） | （a）tall | 11 |
| 高興（高兴） | gāoxìng | （形、動） | （a）glad；happy<br>（v）be willing to | 17 |
| 告訴（诉） | gàosu | （動） | （v.）to tell | 19 |
| 哥哥 | gēge | （名） | （n.）elder brother | 1 |
| 個（个） | gè | （量） | （measure word） | 3 |
| 個子（个子） | gèzi | （名） | （n）height；stature | 17 |
| 各 | gè | （代） | （pro.）every；each | 9 |
| 給（给） | gěi | （介、動） | （pre. v.）for；to give | 5 |
| 跟 | gēn | （介、連、動） | （pre corj. v）with；and；to follow | 13 |
| 工廠（工厂） | gōngchǎng | （名） | （n）factory | 20 |
| 工人 | gōngrén | （名） | （n）worker | 20 |
| 工作 | gōngzuò | （動、名） | （v. n）to work；work | 11 |
| 公共汽車（公共汽车） | gōnggòng qìchē | | bus | 15 |
| 公斤 | gōngjīn | （量） | （measure word）kilogram | 21 |
| 狗 | gǒu | （名） | （n）dog | 20 |
| 够 | gòu | （形、動） | （a. v）enough；to be enough | 16 |
| 古 | gǔ | （形） | （a）ancient | 15 |
| 掛（挂） | guà | （動） | （v）to hang | 18 |
| 拐 | guǎi | （動） | （v）to turn | 8 |
| 關（关） | guān | （動） | （v.）to close；to shut | 21 |
| 關心（关心） | guānxīn | （動） | （v）to care for | 21 |
| 貴（贵） | guì | （形） | （a）honoured | 2 |
| 貴姓（贵姓） | guì xìng | | May I ask your name | 3 |
| 國畫（国画） | guóhuà | （名） | （n）traditional；Chinese painting | 18 |
| 國家（国家） | guójiā | （名） | （n）country；state | 13 |
| 過（过） | guò | （助） | （aspect particle） | 20 |
| 過來（过来） | guòlái | | to come over | 18 |
| 過年（过年） | guò nián | | to celebrate the New Year | 22 |
| 過去（过去） | guòqù | | to go over | 18 |

## H

| | | | | |
|---|---|---|---|---|
| 還（还） | hái | （副） | （adv）still | 9 |
| 還是（还是） | háishi | （連） | （conj）or | 3 |
| 孩子 | háizi | （名） | （n）child，children | 4 |
| 漢語（汉语） | Hànyǔ | （名） | （n）Chinese | 8 |
| 好 | hǎo | （形） | （a.）well；all right | 2 |

| | | | | |
|---|---|---|---|---|
| 好 | hǎo | （形） | （a）kind | 11 |
| 好吃 | hǎochī | （形） | （a）tasty；delicious | 2 |
| 好喝 | hǎohē | （形） | （a）good to drink | 10 |
| 好看 | hǎokàn | （形） | （a）good-looking；nice | 6 |
| 好聽（好听） | hǎotīng | （形） | （a）pleasant | 10 |
| 好玩 | hǎowán | （形） | （a）amusing | 10 |
| 號（号） | hào | （名、量） | （n. measure word）date | 4 |
| 號碼（号码） | hàomǎ | （名） | （n）number | 11 |
| 喝 | hē | （動） | （v.）to drink | 10 |
| 盒 | hé | （名、量） | （n. measure word）box | 9 |
| 和 | hé | （介、連） | （pre. conj.）with；to and | 2 |
| 河 | hé | （名） | （n）river | 18 |
| 黑 | hēi | （形） | （a）black | 6 |
| 很 | hěn | （副） | （adv）very | 2 |
| 紅（红） | hóng | （形） | （a.）red | 9 |
| 後邊（后边） | hòubiān | （名） | （n）back | 12 |
| 後來（后来） | hòulái | （名） | （n）afterwards；later | 14 |
| 湖 | hú | （名） | （n）lake | 18 |
| 花茶 | huāchá | （名） | （n）scented tea | 10 |
| 畫畫兒（画画儿） | huà huàr | | to draw a picture | 18 |
| 畫家（画家） | huàjiā | （名） | （n）painter；artist | 18 |
| 畫展（画展） | huàzhǎn | （名） | （n）art exhibition | 18 |
| 壞（坏） | huài | （形） | （a）bad | 5 |
| 還（还） | huán | （動） | （v）to return | 19 |
| 換 | huàn | （動） | （v）to change | 21 |
| 黄 | huáng | （形） | （a）yellow | 9 |
| 回答 | huídá | （動、名） | （v. n）to reply | 17 |
| 回去 | huíqù | | go back | 18 |
| 會（会） | huì | （助動、動） | （aur. v or v.）can；to be able to | 8 |
| 活 | huó | （動） | （v.）to be alive | 20 |
| 活動（活动） | huódòng | （動、名） | （v. n.）to exercise；activity | 20 |
| 火車（火车） | huǒchē | （名） | （n）train | 22 |
| 或者 | huòzhě | （連） | （conj）or | 10 |

## J

| | | | | |
|---|---|---|---|---|
| 鷄（鸡） | jī | （名） | （n）chicken | 18 |
| 極（极） | jí | （副） | （adv）extremely | 19 |
| 急死 | jísǐ | | extremely anxious | 20 |

| | | | | |
|---|---|---|---|---|
| 幾（几） | jǐ | （代） | （pro.）what；how many | 3 |
| 寄 | jì | （動） | （v.）to post | 12 |
| 家 | jiā | （名） | （n）family；home | 11 |
| 件 | jiàn | （量） | （measure word）a piece | 6 |
| 健康 | jiànkāng | （名、形） | （n. a.）health fit；healthy | 22 |
| 見面（见面） | jiàn miàn | | to meet；to see | 17 |
| 江 | jiāng | （名） | （n）river | 18 |
| 教 | jiāo | （動） | （v.）to teach | 22 |
| 交 | jiāo | （動） | （v.）to make（friends） | 11 |
| 交通 | jiāotōng | （名） | （n.）traffic | 15 |
| 餃子（饺子） | jiǎozi | （名） | （n.）dumpling | 22 |
| 叫 | jiào | （動） | （v.）to name；to call | 1 |
| 叫 | jiào | （動） | （v.）to wake sb up | 14 |
| 教室 | jiàoshì | （名） | （n.）classroom | 14 |
| 節日（节日） | jiérì | （名） | （n.）holiday | 22 |
| 姐姐 | jiějie | （名） | （n）elder sister | 1 |
| 介紹（介绍） | jièshào | （動） | （v.）to introduce | 18 |
| 今年 | jīnnián | （名） | （n.）this year | 15 |
| 今天 | jīntiān | （名） | （n.）today | 4 |
| 近 | jìn | （形） | （a）near；close | 5 |
| 進（进） | jìn | （動） | （v.）to enter | 8 |
| 進步（进步） | jìnbù | （形、動） | （v. a）to progress；progressive | 22 |
| 進來（进来） | jìnlái | | come in | 18 |
| 進去（进去） | jìnqù | | go in | 18 |
| 精彩 | jīngcǎi | （形） | （a）excellent；brilliant | 19 |
| 京劇（京剧） | jīngjù | （名） | （n）Beijing Opera | 20 |
| 九 | jiǔ | （數） | （num.）nine | 1 |
| 酒 | jiǔ | （名） | （n.）wine，liquor | 10 |
| 就 | jiù | （副） | （adv）right；exactly | 5 |
| 舊（旧） | jiù | （形） | （a）old | 13 |
| 橘子（桔子） | júzi | （名） | （n.）orange | 16 |
| 覺得（觉得） | juéde | （動） | （v.）to feel；to think | 15 |
| 軍人（军人） | jūnrén | （名） | （n）army man；soldier | 19 |

## K

| | | | | |
|---|---|---|---|---|
| 咖啡 | kāfēi | （名） | （n）coffee | 16 |
| 開始（开始） | kāishǐ | （動、名） | （v. n）to begin；beginning | 21 |
| 開玩笑（开玩笑） | kāi wánxiào | | make fun of | 18 |

| | | | | |
|---|---|---|---|---|
| 看 | kàn | （動） | （v）to look；to watch | 5 |
| 看見（看见） | kànjiàn | | to see | 7 |
| 看不起 | kàn bu qǐ | | look down upon | 18 |
| 烤鴨（烤鸭） | kǎoyā | （名） | （n）roast duck | 16 |
| 渴 | kě | （形） | （a）thirsty | 10 |
| 可 | kě | （副） | （adv）for emphasis | 14 |
| 可愛（可爱） | kě'ài | （形） | （a）lovely | 20 |
| 可能 | kěnéng | （助動、名） | （aux. v. n）can, may possibility | 11 |
| 可是 | kěshì | （連） | （conj）however；but | 12 |
| 課（课） | kè | （名） | （n）class | 1 |
| 課文（课文） | kèwén | （名） | （n）text | 1 |
| 刻 | kè | （量） | （measure word）quarter | 7 |
| 客氣（客气） | kèqi | （形、動） | （a. v）polite；to be modest | 17 |
| 客廳（客厅） | kètīng | （名） | （n）drawing-room | 13 |
| 空 | kòng | （名） | （n）free time | 11 |
| 口 | kǒu | （量、名） | （measure word）for people in a family<br>（n.）mouth | 12 |
| 塊（元）[塊（元）] | kuài（yuán） | （量） | measure word；unit of currency | 6 |
| 快 | kuài | （形） | （a）fast；quick | 7 |
| 快餐 | kuàicān | （名） | （n）fast food | 4 |
| 快樂（快乐） | kuàilè | （形） | （a）happy | 22 |
| 筷子 | kuàizi | （名） | （n）chopstick | 20 |
| 寬（宽） | kuān | （形） | （a）wide；broad | 15 |

## L

| | | | | |
|---|---|---|---|---|
| 辣 | là | （形） | （a）hot；spicy | 16 |
| 來（来） | lái | （動） | （v）to come | 6 |
| 藍（蓝） | lán | （形） | （a）blue | 9 |
| 老 | lǎo | （形、頭） | （a）（prefix）old；veteran | 14 |
| 老大 | lǎodà | （名） | （n）the eldest in family | 11 |
| 老二 | lǎo'èr | （名） | （n）the second | 11 |
| 老三 | lǎosān | （名） | （n）the third | 11 |
| 老師（老师） | lǎoshī | （名） | （n）teacher | 3 |
| 老外 | lǎowài | （名） | （n）foeigner | 19 |
| 了 | le | （助） | modal particle | 2 |
| 了 | le | （助） | aspect particle | 6 |
| 累 | lèi | （形） | （a）tired | 5 |
| 冷 | lěng | （形） | （a）cold | 13 |

| | | | | |
|---|---|---|---|---|
| 離（离） | lí | （介） | （pre.）away from | 8 |
| 理 | lǐ | （动） | （v.）to pay attention to | 14 |
| 裏邊（里边） | lǐbiān | （名） | （n）inside | 5 |
| 禮物（礼物） | lǐwù | （名） | （n）gift；present | 22 |
| 倆 | liǎ | （數） | （numeral）two | 19 |
| 練習（练习） | liànxí | （動、名） | （v. n） to practise exercise | 14 |
| 涼快（凉快） | liángkuai | （形） | （a）cool | 15 |
| 兩（两） | liǎng | （數、量） | （numeral）two | 2 |
| 亮 | liàng | （形、動） | （a. v）bright；to shine | 20 |
| 聊聊 | liáoliao | （動） | （v）to chat | 22 |
| 了解 | liǎojiě | （動） | （v）to know；to understand | 14 |
| 零 | líng | （數） | （numeral）zero | 9 |
| 留學生（留学生） | liúxuéshēng | （名） | （n）foreign student | 8 |
| 六 | liù | （數） | （num.）six | 1 |
| 樓（楼） | lóu | （名） | （n）building | 10 |
| 路 | lù | （名） | （n）way；distance | 14 |
| 録音（录音） | lùyīn | （名） | （n）recording | 5 |
| 旅途 | lǚtú | （名） | （n）trip；journey | 22 |
| 旅行 | lǚxíng | （動） | （v）to travel | 22 |
| 緑（绿） | lǜ | （形） | （a）green | 9 |

## M

| | | | | |
|---|---|---|---|---|
| 媽媽（妈妈） | māma | （名） | （n）mother，mum | 4 |
| 馬（马） | mǎ | （名） | （n）horse | 18 |
| 馬上（马上） | mǎshàng | （副） | （and）at once；immediately | 18 |
| 嗎（吗） | ma | （助） | modal particle | 2 |
| 嘛 | ma | （助） | modal particle | 11 |
| 買（买） | mǎi | （動） | （v）to buy | 6 |
| 賣（卖） | mài | （動） | （v）to sell | 6 |
| 慢 | màn | （形） | （a）slow | 7 |
| 忙 | máng | （形） | （a）busy | 11 |
| 猫 | māo | （名） | （n）cat | 20 |
| 毛（角） | máo（jiǎo） | （量） | （measure word）unit of currency | 6 |
| 毛衣 | máoyī | （名） | （n）sweater | 6 |
| 没 | méi | （副、動） | （adv）no；not<br>（v）not have；there is not | 2 |

| | | | | |
|---|---|---|---|---|
| 没關係（没关系） | méi guānxi | | That's all right. it doesn't matter | 9 |
| 每 | měi | （代） | (pro.) every; each | 4 |
| 美 | měi | （形） | (a) beautiful; pretty | 17 |
| 妹妹 | mèimei | （名） | (n) younger sister | 1 |
| 門（门） | mén | （名） | (n) door | 8 |
| 米飯（米饭） | mǐfàn | （名） | (n) cooked rice | 2 |
| 麵包（面包） | miànbāo | （名） | (n) bread | 20 |
| 麵條（面条） | miàntiáo | （名） | (n) noodle | 2 |
| 名 | míng | （形） | (a) famous | 10 |
| 名字 | míngzi | （名） | (n) name | 4 |
| 明年 | míngnián | （名） | (n) next year | 15 |
| 明天 | míngtiān | （名） | (n) tomorrow | 4 |
| 母親（母亲） | mǔqīn | （名） | (n) mother | 12 |

## N

| | | | | |
|---|---|---|---|---|
| 拿 | ná | （動） | (n) to take | 12 |
| 拿手菜 | náshǒucài | （名） | (n) a dish; one is good at | 22 |
| 哪 | nǎ | （代） | (pro) which | 6 |
| 哪兒（哪儿） | nǎr | （代） | (pro) where | 4 |
| 那 | nà | （代） | (pro) that | 6 |
| 那麼（那么） | nàme | （代） | (pro) in that way; like that | 15 |
| 那兒（那儿） | nàr | （代） | (pro) there | 8 |
| | | | | 19 |
| 男 | nán | （形） | (a) male | 2 |
| 難（难） | nán | （形） | (a) difficult; hard | 15 |
| 難看（难看） | nánkàn | （形） | (a) ugly | 7 |
| 南邊（南边） | nánbiān | （名） | (n) south | 13 |
| 呢 | ne | （助） | modal particle | 2 |
| 能 | néng | （助、動） | (aux、o) can; to be able to | 7 |
| 你 | nǐ | （代） | (pro) you | 1 |
| 你們（你们） | nǐmen | （代） | (pro) you (plural) | 1 |
| 年 | nián | （名） | (n) year | 15 |
| 年級（年级） | niánjí | （名） | (n) grade | 3 |
| 年紀（年纪） | niánjì | （名） | (b) age | 19 |
| 年輕（年轻） | niánqīng | （形） | (a) young | 19 |
| 唸（念） | niàn | （动） | (v.) to read | 21 |

| | | | | |
|---|---|---|---|---|
| 您 | nín | （代） | （pro）you（the respectful form of“你”） | 20 |
| 牛奶 | niúnǎi | （名） | （n）milk | 20 |
| 農村（农村） | nóngcūn | （名） | （n）countryside；village | 20 |
| 農民（农民） | nóngmín | （名） | （n）peasant | 20 |
| | | | | 14 |
| 弄 | nòng | （動） | v．to make | 15 |
| 暖和 | nuǎnhuo | （形） | （a）warm | 2 |
| 女 | nǚ | （形） | （a）female | 11 |
| 女兒（女儿） | nǚ’ér | （名） | （n）daughter | |

# P

| | | | | |
|---|---|---|---|---|
| 拍 | pāi | （動） | v．to take（a picture） | 12 |
| 盤（盘） | pán | （名、量） | （n）plate（measure word） | 16 |
| 旁邊（旁边） | pángbiān | （名） | （n）side | 10 |
| 跑 | pǎo | （動） | （v）to run | 18 |
| 朋友 | péngyou | （名） | （n）friend | 11 |
| 啤酒 | píjiǔ | （名） | （n）beer | 16 |
| 脾氣（脾气） | píqi | （名） | （n）temper | 14 |
| 便宜 | piányi | （形） | （a）cheap | 2 |
| 票 | biào | （名） | （n）ticket | 22 |
| 漂亮 | piàoliàng | （形） | （a）beautiful | 12 |
| 瓶 | píng | （名、量） | （n）bottle measure word | 16 |
| 平安 | píng’ān | （形） | （a）safe | 22 |
| 蘋果（苹果） | píngguǒ | （名） | （n）apple | 16 |

# Q

| | | | | |
|---|---|---|---|---|
| 七 | qī | （數） | （numeral）seven | 1 |
| 騎（骑） | qí | （動） | （v）to ride | 19 |
| 起 | qǐ | （動） | （v）to get up | 7 |
| 起來（起来） | qǐlái | | to indicate direction upwards | 19 |
| 氣候（气候） | qìhòu | （名） | （n）climate | 15 |
| 千 | qiān | （數） | （numeral）thousand | 11 |

| | | | | |
|---|---|---|---|---|
| 鉛筆（铅笔） | qiānbǐ | （名） | （n）pencil | 9 |
| 錢（钱） | qián | （名） | （n）money | 4 |
| 前 | qián | （名） | （n）front | 8 |
| 前邊（前边） | qiánbiān | （名） | （n）in front of | 12 |
| 牆（墙） | qiáng | （名） | （n）wall | 18 |
| 敲 | qiāo | （動） | （u）to knock | 8 |
| 清楚 | qīngchu | （形） | （a）clear<br>to invite | 7 |
| 請（请） | qǐng | （動） | （u）please | 8 |
| 請客（请客） | qǐng kè | | to invite sb to dinner | 10 |
| 請問（请问） | qǐng wèn | | excuse me；please | 3 |
| 秋天 | qiūtiān | （名） | （n）Autumn | 15 |
| 曲 | qǔ | （名） | （n）song | 10 |
| 去 | qù | （動） | （v）to go | 4 |
| 去年 | qùnián | （名） | （n）last year | 15 |

## R

| | | | | |
|---|---|---|---|---|
| 然後（然后） | ránhòu | （副） | （adv）then | 21 |
| 熱（热） | rè | （形、動） | a．hot<br>v．to warm up | 13 |
| 熱鬧（热闹） | rènao | （形、動） | a．busy；lively<br>v．to liven up | 22 |
| 人 | rén | （名） | （n）person | 8 |
| 人口 | rénkǒu | （名） | （n）population | 15 |
| 認識（认识） | rènshi | （動） | （v）to know | 14 |
| 認為（认为） | rènwéi | （動） | （v）to think | 21 |
| 容易 | róngyì | （形） | （a）easy | 15 |
| 肉 | ròu | （名） | （n）meat | 2 |
| 如 | rú | （动） | （v）like；as if | 17 |

## S

| | | | | |
|---|---|---|---|---|
| 三 | sān | （數） | （numeral）three | 1 |
| 山 | shān | （名） | （n）hill | 18 |
| 商店 | shāngdiàn | （名） | （n）shop | 6 |

| | | | | |
|---|---|---|---|---|
| 上個月（上个月） | shàng ge yuè | | last month | 12 |
| 上課（上课） | shàng kè | | to attend class | 5 |
| 上午 | shàngwǔ | （名） | （n） morning | 5 |
| 少 | shǎo | （形、動） | a．little；few<br>v．be short of | 3 |
| 身體（身体） | shēntǐ | （名） | （n） health； | 14 |
| 什麼（什么） | shénme | （代） | （pro） what | 2 |
| 生病 | shēng bìng | | to get ill | 14 |
| 生活 | shēnghuó | （名、動） | n．life<br>v．to lead a life | 13 |
| 生氣（生气） | shēng qì | | to be angry | 14 |
| 聲音（声音） | shēngyīn | （名） | （n） sound | 21 |
| 十 | shí | （數） | （num.） ten | 1 |
| 石 | shí | （名） | （n） stone | 18 |
| 拾 | shí | （动） | （v.） to pick up | 19 |
| 時候（时候） | shíhou | （名） | （n） time；moment | 12 |
| 時間（时间） | shíjiān | （名） | （n） time；hour | 20 |
| 是 | shì | （動） | v．to be | 1 |
| 世界 | shìjiè | （名） | （n） world | 15 |
| 事情 | shìqing | （名） | （n） thing；affair | 19 |
| 收拾 | shōushi | （動） | v．to tidy up<br>to clean | 21 |
| 收音機（收音机） | shōuyīnjī | （名） | （n） radio | 21 |
| 售貨員（售货员） | shòuhuòyuán | （名） | （n） shop assistant | 9 |
| 輸（输） | shū | （動） | v．to lose | 21 |
| 書（书） | shū | （名） | （n） book | 5 |
| 書店（书店） | shūdiàn | （名） | （n） bookstore | 8 |
| 書架（书架） | shūjià | （名） | （n） book-shelf | 14 |
| 舒服 | shūfu | （形） | （a） be well | 16 |
| 熟 | shú | （形） | （a） familiar | 21 |
| 樹（树） | shù | （名） | （n） tree | 18 |
| 雙（双） | shuāng | （量） | （measure word） a pair of | 17 |
| 誰（谁） | shuí | （代） | （pro） who；whom | 7 |
| 水果 | shuǐguǒ | （名） | （n） fruit | 16 |
| 睡 | shuì | （動） | （v） to sleep | 7 |
| 睡覺（睡觉） | shuì jiào | | go to bed | 12 |
| 説（说） | shuō | （動） | （v） to speak | 7 |

| | | | | |
|---|---|---|---|---|
| 死 | sǐ | （動） | （v） to die | 20 |
| 四 | sì | （數） | （numeral） four | 1 |
| 送 | sòng | （動） | v. to send | 21 |
| 酸 | suān | （形） | （a） sour | 16 |
| 酸辣湯（酸辣汤） | suānlàtāng | （名） | （n） sour and hot soup | 16 |
| 雖然（虽然） | suīrán | （連） | （conj） though | 12 |
| 歲（岁） | suì | （量） | （measure wold） age; years | 11 |
| 碎 | suì | （形） | （a） broken | 22 |
| 所以 | suǒyǐ | （連） | （conj） so; therefore | 19 |

## T

| | | | | |
|---|---|---|---|---|
| 他 | tā | （代） | （pro） he, him | 1 |
| 她 | tā | （代） | （pro） she, her | 1 |
| 他們（他们） | tāmen | （代） | （pro） they; them | 1 |
| 太 | tài | （副） | （adv） too | 4 |
| 太太 | tàitai | （名） | （n） Mrs; madame | 22 |
| 太極拳（太极拳） | tàijíquán | （名） | （n） Chinese boxing; taijiquan | 19 |
| 太陽（太阳） | tàiyáng | （名） | （n） sun | 21 |
| 談（谈） | tán | （動） | （v） to talk | 7 |
| 湯（汤） | tāng | （名） | （n） soup | 16 |
| 糖 | táng | （名） | （n） sugar | 12 |
| 踢足球 | tī zúqiú | | to play football | 17 |
| 體育（体育） | tǐyù | （名） | （n） sport | 17 |
| 天 | tiān | （名） | （n） day | 4 |
| 天氣（天气） | tiānqì | （名） | （n） weather | 5 |
| 跳 | tiào | （動） | （v） to jump | 18 |
| 跳舞 | tiào wǔ | | to dance | 17 |
| 貼春聯（贴春联） | tiē chūnlián | | to paste Spring Festival couplets | 22 |
| 聽（听） | tīng | （動） | （v） to listen | 5 |
| 聽説（听说） | tīng shuō | | I hear; it's said | 10 |
| 停 | tíng | （動） | （v） stop | 19 |
| 同屋 | tóngwū | （名） | （n） roommate | 8 |
| 同學（同学） | tóngxué | （名） | （n） schoolmate; comrade | 3 |
| 同意 | tóngyì | （動） | （v.） to agree | 21 |

## W

| | | | | |
|---|---|---|---|---|
| 邊外（外边） | wàibiān | （名） | （n）outside | 5 |
| 外國（外国） | wàiguó | （名） | （n）abroad；foreign country | 13 |
| 玩 | wán | （動） | （v）to play | 5 |
| 完 | wán | （動） | （v）to finish；to end | 7 |
| 晚 | wǎn | （形） | （a）late | 7 |
| 晚上 | wǎnshang | （名） | （n）evening | 5 |
| 碗 | wǎn | （名、量） | （n.）bowl（measure word） | 16 |
| 萬（万） | wàn | （數） | （numeral）ten thousand | 11 |
| 往 | wǎng | （介） | （pro）. to；towards | 8 |
| 位 | wèi | （量） | （measure word for people） | 10 |
| 喂 | wèi | （嘆） | （inter）hello | 14 |
| 味道 | wèidào | （名） | （n）taste；flavour | 16 |
| 為了（为了） | wèile | （動、介） | v.<br>（pre）for；in order to | 14 |
| 為甚麽（为什么） | wèi shénme | | why；for what | 13 |
| 衛生間（卫生间） | wèishēngjiān | （名） | （n）toilet | 13 |
| 文化 | wénhuà | （名） | （n）culture | 15 |
| 吻 | wěn | （動） | （v.）to kiss | 17 |
| 問（问） | wèn | （動） | （v.）to ask | 17 |
| 我 | wǒ | （代） | （pro）I；me | 1 |
| 我們（我们） | wǒmen | （代） | （pro）we；us | 1 |
| 卧室 | wòshì | （名） | （n）bed room | 13 |
| 五 | wǔ | （數） | （numeral）five | 1 |
| 舞龍燈（舞龙灯） | wǔ lóngdēng | | perform a dragon lantern dance | 22 |
| 武術（武术） | wǔshù | （名） | （n）wushu；martial arts | 19 |

## X

| | | | | |
|---|---|---|---|---|
| 西邊（西边） | xībiān | （名） | （n）west side | 13 |
| 西餐館（西餐馆） | xīcānguǎn | （名） | （n）western-style restaurant | 16 |
| 西方 | xīfāng | （名） | （n）the west | 16 |
| 習慣（习惯） | xíguàn | （名、動） | （n）habit<br>v. get used to | 8 |
| 洗 | xǐ | （動） | v. to wash | 14 |

| | | | | |
|---|---|---|---|---|
| 洗澡 | xǐ zǎo | | have a bath | 21 |
| 喜歡（喜欢） | xǐhuan | （動） | (v) to like; to enjoy | 1 |
| 係（系） | xì | （名） | (n) department | 17 |
| 下次 | xià cì | | next time | 14 |
| 下午 | xiàwǔ | （名） | (n) afternoon | 5 |
| 下星期 | xià xīngqī | | next week | 12 |
| 下雪 | xià xuě | | to snow | 15 |
| 下雨 | xià yǔ | | to rain | 15 |
| 夏天 | xiàtiān | （名） | (n) summer | 13 |
| 先 | xiān | （副） | (adv) first | 21 |
| 先生 | xiānsheng | （名） | (n) Mr | 10 |
| 現代（现代） | xiàndài | （名） | n. modern times | 18 |
| 現在（现在） | xiànzài | （名） | (n) now; nowadays | 7 |
| 香蕉 | xiāngjiāo | （名） | (n) banana | 16 |
| 相信 | xiāngxìn | （動） | (v) to believe | 22 |
| 想 | xiǎng | （動、助動） | v. to want<br>(aux. o) to feel like | 22 |
| 像 | xiàng | （動、名） | (v) to resemble | 9 |
| 向 | xiàng | （介、動） | (pre) to; towards<br>v. to face | 8<br>19 |
| 小 | xiǎo | （形、頭） | (a) small; little<br>(prefix) | 19<br>3 |
| 小姐 | xiǎojie | （名） | (n) miss | 17 |
| 小時（小时） | xiǎoshí | （名） | (n) hour | 14 |
| 小學（小学） | xiǎoxué | （名） | (n) primary school | 3 |
| 小學生（小学生） | xiǎoxuéshēng | （名） | pupil; schoolchild | 3 |
| 寫（写） | xiě | （動） | (v) to write | 5 |
| 謝謝（谢谢） | xièxie | （動） | (v) to thank | 5 |
| 新 | xīn | （形） | (a) new | 13 |
| 信 | xìn | （名） | (n) letter | 12 |
| 星期六 | xīngqīliù | （名） | (n) Saturday | 4 |
| 星期天（日） | xīngqītiān（rì） | （名） | (n) Sunday | 4 |
| 星期五 | xīngqīwǔ | （名） | (n) Friday | 4 |
| 行 | xíng | （形） | (a) ok All right | 4 |
| 姓 | xìng | （動、名） | (v.) to be called<br>(n) surname | 10<br>3 |
| 熊猫 | xióngmāo | （名） | (n) panda | 20 |

| | | | | |
|---|---|---|---|---|
| 休息 | xiūxi | （動） | （v）to rest | 5 |
| 學生（学生） | xuésheng | （名） | （n）student | 2 |
| 學習（学习） | xuéxí | （動、名） | （v）to study<br>（n）study | 7 |
| 學校（学校） | xuéxiào | （名） | （n）school | 3 |

## Y

| | | | | |
|---|---|---|---|---|
| 呀 | yɑ | （助） | modal particle | 8 |
| 牙醫（牙医） | yáyī | （名） | （n）dentist | 12 |
| 烟 | yān | （名） | （n）cigarette | 10 |
| 顔色（颜色） | yánsè | （名） | （n）colour | 9 |
| 眼睛 | yǎnjīng | （名） | （n）eye | 17 |
| 要 | yào | （助動、動） | （aux. v）would like<br>（v）to want | 2 |
| 藥（药） | yào | （名） | （n）medicine | 11 |
| 也 | yě | （副） | （adv）too；also | 1 |
| 一 | yī | （數） | （numeral）one | 1 |
| 衣服 | yīfu | （名） | （n）clothes | 14 |
| 醫生（医生） | yīshēng | （名） | （n）doctor | 11 |
| 醫院（医院） | yīyuàn | （名） | （n）hospital | 13 |
| 一定 | yídìng | （副） | （adv）certainly | 17 |
| 一共 | yígòng | （副） | （adv）altogether | 6 |
| 一路平安 | yílù píng'ān | | have a good trip | 22 |
| 一下 | yíxià | （量） | （measure word）one time；once | 16 |
| 一樣（一样） | yíyàng | （形） | （a）same；similar | 8 |
| 以後（以后） | yǐhòu | （名） | （n）later，afterwards | 12 |
| 以前 | yǐqián | （名） | （n）before | 12 |
| 已經（已经） | yǐjīng | （副） | （adv）already | 14 |
| 椅子 | yǐzi | （名） | （n）chair | 14 |
| 一點兒（一点儿） | yìdiǎnr | （量） | （meatule word）a little；a bit | 6 |
| 一起 | yìqǐ | （副） | （adv）together<br>in all | 12<br>10 |
| 音樂（音乐） | yīnyuè | （名） | （n）music | 10 |
| 因為（因为） | yīnwèi | （連） | （cory）because | 13 |
| 银行（银行） | yínháng | （名） | （n）bank | 8 |
| 應該（应该） | yīnggāi | （助、動） | （aux）should；ought to | 21 |

| | | | | |
|---|---|---|---|---|
| 英語（英语） | Yīngyǔ | （名） | （n）English | 7 |
| 贏 | yíng | （動） | （v）to win | 21 |
| 影響（影响） | yǐngxiǎng | （動、名） | （v）to affect<br>（n）influence | 21 |
| 喲（哟） | yo | （助） | modal pacticle | 14 |
| 用 | yòng | （動） | （v）to use | 20 |
| 油畫（油画） | yóuhuà | （名） | （n）oil painting | 18 |
| 有 | yǒu | （動） | （v）to have；these to be | 3 |
| 有的 | yǒude | （代） | （pro）some | 3 |
| 有點兒（有点儿） | yǒudiǎnr | （副） | （adv）a little；slightly | 16 |
| 有名 | yǒumíng | （形） | （a）famous；well-known | 10 |
| 有時候（有时候） | yǒu shíhou | | sometimes | 7 |
| 有意思 | yǒu yìsi | | interesting | 17 |
| 又 | yòu | （副） | （adv）also | 13 |
| 右邊（右边） | yòubiān | （名） | （n）right | 8 |
| 魚（鱼） | yú | （名） | （n）fish | 2 |
| 魚香肉絲(鱼香肉丝) | yúxiāng ròusī | （名） | shredded pork Sichuan-style | 16 |
| 愉快 | yúkuài | （形） | （a）enjoyable；happy | 22 |
| 遇到 | yùdào | | to run into | 19 |
| 圓珠筆（圆珠笔） | yuánzhūbǐ | （名） | ball-pen | 9 |
| 遠（远） | yuǎn | （形） | （a）far | 5 |
| 院子 | yuànzi | （名） | （n）courtyard | 13 |
| 約會（约会） | yuēhuì | （名） | （n）date；appointment | 7 |
| 月 | yuè | （名） | （n）month | 4 |

# Z

| | | | | |
|---|---|---|---|---|
| 在 | zài | （介） | （pre）at；in | 5 |
| 再見（再见） | zàijiàn | （動） | （v）to say good-bye；see you again | 4 |
| 咱們（咱们） | zánmen | （代） | （pro）we' us | 19 |
| 髒（脏） | zāng | （形） | （a）dirty | 13 |
| 早 | zǎo | （形） | （a）early | 4 |
| 早上 | zǎoshang | （名） | （n）morning | 4 |
| 怎麽（怎么） | zěnme | （代） | （pro）how | 8 |
| 怎麽樣（怎么样） | zěnmeyàng | （代） | （pro）how；what about | 7 |
| 站 | zhàn | （動） | （v）to stand | 12 |
| 張（张） | zhāng | （量） | measure word | 9 |

| | | | | |
|---|---|---|---|---|
| 找 | zhǎo | (動) | (v) to give change | 9 |
| 照片 | zhàopiàn | (名) | (n) photo | 12 |
| 這(这) | zhè | (代) | (pro) this | 6 |
| 這麽(这么) | zhème | (代) | (pro) such; like this | 15 |
| 這兒(这儿) | zhèr | (代) | (pro) here | 8 |
| 這樣(这样) | zhèyàng | (代) | (pro) in this way | 18 |
| 着 | zhe | (助) | aspect particle | 12 |
| 真 | zhēn | (副) | (adv) really | 4 |
| 整理 | zhěnglǐ | (動) | (v) to tidy up | 21 |
| 正好 | zhènghǎo | (形) | (a) just right | 19 |
| 枝 | zhī | (量) | (measure word) | 9 |
| 隻(只) | zhī | (量) | (measure word) | 20 |
| 知道 | zhīdào | (動) | (v) to know | 18 |
| 紙(纸) | zhǐ | (名) | (n) paper | 9 |
| 只 | zhǐ | (副) | (adv) only | 10 |
| 中餐館(中餐馆) | zhōngcānguǎn | (名) | Chinese food restaurant | 16 |
| 中間(中间) | zhōngjiān | (名) | (n) middle | 12 |
| 中文 | Zhōngwén | (名) | (n) Chinese | 1 |
| 中午 | zhōngwǔ | (名) | (n) noon | 5 |
| 中學(中学) | zhōngxué | (名) | (n) middle school | 3 |
| 中學生(中学生) | zhōngxuéshēng | (名) | (n) middle school student | 3 |
| 種(种) | zhǒng | (名、量) | (n) kind<br>(measure word) | 9 |
| 住 | zhù | (動) | (v) to live | 13 |
| 祝 | zhù | (動) | (v) to wish | 22 |
| 桌子 | zhuōzi | (名) | (n) table | 14 |
| 字 | zì | (名) | (n) word; character | 5 |
| 自行車(自行车) | zìxíngchē | (名) | (n) bicycle; bike | 19 |
| 總(是)[总(是)] | zǒng (shì) | (副) | (adv) always | 16 |
| 走 | zǒu | (動) | (v) to walk | 8 |
| 足球 | zúqiú | (名) | (n) football | 17 |
| 最 | zuì | (副) | (adv) most | 6 |
| 最後(最后) | zuìhòu | (名) | (n) last | 21 |
| 最近 | zuìjìn | (名) | (n) recently | 17 |
| 昨天 | zuótiān | (名) | (n) yesterday | 5 |
| 左邊(左边) | zuǒbiān | (名) | (n) the left side | 8 |
| 坐 | zuò | (動) | (v) to sit | 10 |

| | | | | |
|---|---|---|---|---|
| 座 | zuò | （量） | measure word | 15 |
| 做 | zuò | （動） | （v.）to do | 5 |
| 做好事 | zuò hǎoshì | | do good deeds | 19 |
| 作業（作业） | zuòyè | （名） | （n）homework | 21 |

## 専　名　Propel names

### B

| | | | |
|---|---|---|---|
| 巴黎 | Bālí | Paris | 15 |
| 白玫瑰 | Bái Méigui | White Rose | 17 |
| 北京 | Běijīng | Beijing | 15 |

### C

| | | | |
|---|---|---|---|
| 長城（长） | Chángchéng | the Great Wall | 15 |

### D

| | | | |
|---|---|---|---|
| 丁 | Dīng | surname | 11 |
| 丁十 | Dīng Shí | a personal name | 1 |
| 丁五 | Dīng Wǔ | a personal name | 1 |
| 多多 | Duōduo | a personal name | 4 |
| 多雷 | Duōléi | a personal name | 8 |

### F

| | | | |
|---|---|---|---|
| 法國（法国） | Fǎguó | France | 8 |

### L

| | | | |
|---|---|---|---|
| 雷鋒（雷锋） | Léi Fēng | a personal name | 19 |
| 李 | Lǐ | surname | 7 |

### M

| | | | |
|---|---|---|---|
| 美國（美国） | Měiguó | America | 18 |